빌딩박사 박종복의

그들은
왜
아파트를
팔았나?

80인의 빌딩 투자 성공 스토리

빌딩박사 박종복의

그들은
왜
아파트를
팔았나?

80인의 빌딩 투자 성공 스토리

박종복 지음

Woman Sense Books

『나도 강남 빌딩 주인 될 수 있다』에 이어 후속편 쓰는 소감

"멋쟁이 높은 빌딩 으스대지만

유행 따라 사는 것도 제멋이지만

반딧불 초가집도 님과 함께면"

내 휴대폰의 컬러링은 가수 남진 씨의 '님과 함께'다. 국민가요라고 할
수 있는 이 경쾌한 노래를 좋아하는 사람이 참 많다. 전화벨이 울려서 받
으면 '노래를 좀 더 듣고 싶은데 왜 이렇게 빨리 받았냐'며 서운해하는 분
도 있고, 전화가 연결된 줄도 모르고 계속 노래를 따라 부르는 분도 있다.
어쩌면 그렇게 직업과 잘 맞는 노래를 골랐냐며 아이디어가 좋다는 칭찬
도 많이 들었다. 노래 하나로도 이렇게 기분이 좋아지는데, 멋쟁이 빌딩을
한 채 갖는다면 얼마나 행복하겠는가.

처음 빌딩 투자와 관련한 책을 쓰겠다고 마음먹은 때는 2015년 1월이
다. 그 이후 2016년 11월 15일까지 거의 2년의 시간을 글쓰기에 투자했다.
회사 운영과 방송 출연, 강의 등 일상은 일상대로 살면서 책을 쓰는 것은

쉽지 않았다. 그사이 좋아하는 골프도 두 번밖에 치지 못했을 정도다. 그렇게 첫 번째 책『나도 강남 빌딩 주인 될 수 있다』를 완성했다. 마치 장편소설을 쓰는 것처럼 힘들고 고된 작업이었지만, 내가 좋아하는 일이기에 행복하고 즐거운 마음으로 해나갔다. 내가 지금까지 부동산 현장에서 '빌딩박사'라는 타이틀을 걸고 고객들에게 수많은 빌딩을 추천해주고, 그 빌딩을 구입한 분들의 자산이 상상을 초월할 정도로 늘어나는 것을 지켜보며 느꼈던 내용을 그대로 책에 담았다. 다행히 많은 사람이 호응해주었고, 생각지도 못한 '베스트셀러 작가'라는 타이틀도 얻었다.

책이 많이 팔렸다는 것보다, 독자들이 책을 읽으며 빌딩 투자에 대한 상식 수준을 높였다는 것에서 행복감과 보람을 느꼈다. 빌딩 투자와 관련한 내용을 많이 알게 되었다는 것은 그만큼 더욱 알찬 빌딩을 구입할 확률이 높아졌다는 것을 의미한다. 이런 분들은 부동산 전문가와도 대화가 통할 정도로 상당한 수준에 접근했다고 볼 수 있다.

게다가 동종 업계에 종사하는 공인중개사들이 책 속 내용을 보고 많이 배웠다는 감사의 말을 해준 덕분에 더욱 자부심을 느꼈다. 내 고향 충청도 사투리로 표현하면 '대단해유~'다.

　문재인 정부는 출범 이후 한 달이 멀다 하고 부동산 정책을 발표해왔다. 대출 규제를 시작으로 예전과 지금의 부동산 정책은 많이 달라졌다. 더욱 철저한 분석과 풍부한 지식을 바탕으로 부동산에 투자해야 한다. 이것이 내가 두 번째 책을 쓰게 된 이유다. 이제는 빌딩에 접근할 때 재산 증식을 위한 도구보다는 안정적인 노후를 위한 수단으로 생각하는 것이 바람직하다. 아파트는 각종 규제가 심해지면서 이미 가격 하락이 시작되었다. 빌딩의 경우 큰 폭은 아니더라도 꾸준한 가격 상승, 혹은 보합세가 예상된다. 모두 알다시피 강남 아파트의 평균 가격이 17억 원을 넘어섰다. 이 정도의 금액이면 꼬마빌딩 구입도 가능하다. 그렇다면 강남 아파트와 꼬마빌딩 중 어떤 상품이 더 미래 가치가 있을까?
　물론 시간이 지날수록 부동산 시장의 흐름은 요동칠 확률이 높다. 빌딩을 사면 무조건 성공한다는 생각으로 달려드는 것은 위험하다. 오르지는 않더라도 적어도 떨어질 확률이 없는 지역의 매달 고정적인 수입이 나오는 안전한 부동산 상품에 투자한다는 생각으로 접근하는 것이 현명할 것이다.

나는 책 장사꾼이 아니다. 단지 정확한 내용을 전달하고 싶다. 아무쪼록 독자들이 이 책을 지루하지 않게 읽으며 빌딩 투자에 대한 지식을 얻고 미소 지을 수 있기를 간절히 소망한다.

2019년 1월
학동역 미소빌딩에서
박종복

'아파트 한 채 값'으로 강남 빌딩 주인 되기

아파트 매매 거래량이 급격히 줄어들고 있다. 꾸준히 상승하던 아파트 거래량이 9.13 부동산 대책 발표 이후 2018년 10월 1만125건, 12월 2,308건을 기록해 5년 4개월 만에 최저치를 보였다. 그러나 반대로 소형 빌딩(총면적 990㎡ 미만)에 대한 수요는 해를 거듭할수록 상승하고 있다.

2014년 연간 거래 총액이 2조8,000억 원, 2017년 6조2,000억 원, 2018년 1분기에만 무려 2조1,000억 원에 달할 정도다. 소형 빌딩에서는 가격 거품이나 언제 가격이 갑자기 떨어질지 모르는 불안감은 찾아보기 어렵다.

오히려 가격이 꾸준히 상승하는 모습을 볼 수 있다. 아파트 시장이 불안한 상황에서 마땅히 갈 곳을 찾지 못한 현금이 상업용 빌딩에 유입되는 모습이다. 특히 경제 성장기에 자산을 모은 베이비부머의 노후 자금이 아파트보다 빌딩에 쏠리는 것으로 보고 있다.

추락하는 것은 날개가 있다. 추락하는 아파트는 그 이유가 있다. 지금 아파트 가격 하락은 시세가 떨어졌다기보다 거품이 빠지고 있는 현상이라고 생각하는 것이 맞을 듯하다.

이제부터는 절대 아파트를 자산 증식용 부동산으로 생각하지 마라. 잘못하면 맹수 같은 부동산으로 변해 오히려 나의 자산을 손상시킬 수 있다는 점을 깊게 생각해봐야 할 것이다.

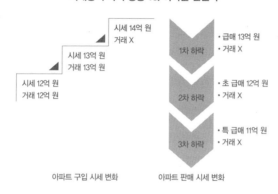

거래량이 가격 상승 vs. 하락을 만든다

시세 14억 원
거래 X

시세 13억 원
거래 13억 원

시세 12억 원
거래 12억 원

1차 하락 • 급매 13억 원
• 거래 X

2차 하락 • 초 급매 12억 원
• 거래 X

3차 하락 • 특 급매 11억 원
• 거래 X

아파트 구입 시세 변화 　　　　아파트 판매 시세 변화

용산 아파트 팔아 도곡동 건물 매입한 사연

첫 번째 책 『나도 강남 빌딩 주인 될 수 있다』를 출간하고 20일 뒤에 강남
역 교보문고에서 출판 기념 사인회를 하게 되었다. 떨리는 마음을 안고 30
여 분 전에 도착해 매장을 돌아보고 있었다. 30대로 보이는 한 남녀 커플
이 출판 기념회 현수막을 보고는 "저거 다 사기야! 강남 빌딩 주인은 아무
나 되나? 아파트 한 채 값으로 어떻게 강남 빌딩을 살 수 있냐!"라며 비웃
었다. 50대 후반으로 보이는 한 부부는 "여보 밑져야 본전인데 한 번 사서
읽어봐요"라며 책을 한 권 구입했다. 일반적인 상식으로는 30내 커플의 밀
이 맞을 수도 있다. 누구나 쉽게 강남 빌딩의 주인이 될 수 있다면 왜 많은

사람들이 강남 빌딩을 갖고 싶어 하겠는가. 아마 내가 책을 쓸 이유도 없었을 것이다.

　실제 아파트 한 채 값으로 강남 빌딩 주인이 된 부부의 사연을 소개하려한다. 지금도 이분들을 생각하면 저절로 웃음이 난다.

상담인	나이	직업
남편	59세	고등학교 교장
아내	55세	전업주부
아들	24세	직장인

　부부는 남편이 은퇴하고 나면 노후에 어떻게 생활을 해야 할지가 고민이었다. 아들은 옆에서 부모님의 대화를 너무 자주 듣다 보니 벌써부터 노후에 대한 트라우마가 생길 정도였다. 그러다 우연히 서점에서 내 책을 본아들이 먼저 두 번 정도 읽은 뒤 부모님께 저자인 나와 상담을 한번 해보라고 권했다. 그런데 놀랍게도 아버지가 표지에 있는 내 사진과 이름을 보고는 "어, 이 사람 내 고향 후배인데"라고 했다는 것이다. 결론부터 이야기하면, 우리는 고향 모임에서 만나 함께 골프도 치며 20년 넘게 알고 지내는 사이였다. 그렇게 고향 선배와 상담을 시작하게 되었다. 당시 선배 부부의 자산은 다음과 같았다.

서울 용산 아파트	시세 8억 원	대출 1억 원
금융 및 펀드	1억1,000만 원	
실제 보유 자산	9억1,000만 원-1억 원(대출)=8억1,000만 원	

성실히 일해 알뜰하게 모은 돈으로 마련한 서울 용산구 아파트를 처분하고 강남에 있는 빌딩을 구입해 직접 거주하고 싶다고 했다. 부부는 "책에 아파트 한 채 값으로 강남 빌딩 주인 될 수 있다고 했으니 꼭 실현될 수 있도록 해달라"고 했다. 나는 "맞는 말이긴 하지만 본인이 거주까지 할 수 있다고는 안 했다"며 웃었다. 4개월쯤 지나 강남구 도곡동의 지하 1층~지상 4층 규모에 시세 27억 원 정도인 다가구주택이 매물로 나왔다. 가족 간의 재산 싸움으로 시세보다 3억 원 저렴한 24억 원에 나온 급매물이었다.

위치	서울시 강남구 도곡동
대지	약 297㎡
총면적	약 693㎡
전체 보증금	12억 원
월 임대료	220만 원
준공일	1993년 5월 2일

부부는 급매물로 나온 다가구주택을 구입해 지금까지 강남구 도곡동에 거주하고 있다.

보통 24억 원의 다가구주택을 사려면 아래와 같은 예산이 필요하다.

내용	예산액
매매가	24억 원
전체 보증금	12억 원(−)
소유권 이전 비용	1억1,000만 원(+)
총투자금	13억1,000만 원

부부가 도곡동 다가구주택 매입에 실제로 지출한 자금이다.

내용	지출액
매매가	24억 원
전체 보증금	12억 원(−)
은행 대출금	7억 원(−)
소유권 이전 비용	1억1,000만원(+)
실제 총투자금	6억1,000만 원

32억 원대의 건물 주인으로 우뚝 서다

대출금 7억 원의 월 이자인 200만 원은 세입자들에게 받는 임대료로 충당 가능했다. 부부의 총자산 8억1,000만 원에서 6억1,000만 원을 투자했으니 오히려 2억 원의 여유 자금이 생긴 셈이다. 게다가 부부가 안고 있는 마지막 고민도 해결할 수 있었다. 하나밖에 없는 아들이 결혼할 때 집을 한 채 사주고 싶은데 남은 자금 2억 원을 사용해야 할지 말아야 할지 고민이었다. 내가 제시한 팁은 다가구주택 3층을 아들에게 임대하는 방법이다. 현재 임대 중인 3층 주택은 전세금 1억5,000만 원에 계약 만기일이 2019년 3월이라고 하니 딱 맞는 조건이 아니겠는가.

만약 지금까지 용산 아파트를 가지고 있었다면 시세는 얼마나 되었을까? 가격이 오르락내리락 상승과 하락을 반복한 끝에 매매 시점보다 3,000만 원 정도 올랐다. 그렇다면 도곡동 다가구주택의 현재 시세는 얼마나 될까? 다가구주택을 중심으로 300m 이내에 위치한 건물 매매 가격을 토대로 계산해보니 32억 원 정도였다. 실투자금 6억1,000만 원으로 도곡동 건물을 구입해 본인들이 4층에 거주하면서 2년도 지나지 않아 8억여 원의 시세 차익을 거둔 것이다. 1년에 4억 원이 오른 셈이다. 아파트와 빌딩! 어느 쪽이 더 성공한 부동산 투자이자 노후를 위한 준비일까?

자! 지금부터 그 이야기를 좀 더 자세히 해보고자 한다.

차례

PART 6 정부의 부동산 규제 정책에도 끄떡없는 부동산 투자

● 건물의 면적은 ㎡로 표기했음. 모든 면적은 소수점 첫째 자리에서 반올림했으나 예외적으로 3.3㎡의 경우
  소수점 둘째 자리에서 버렸음.
● 지역명은 이해를 돕기 위해 도로명이 아닌 '동'으로 표기했음.

PART 1

왜 빌딩인가?
지금부터
빌딩에 투자해야
하는 이유

1. 아파트 불패 신화는 끝
고전적 투자를 벗어나 빌딩 투자로 갈아타라

아파트는 가격 변동에 대한 고민 자체로 내리막길

재테크를 목적으로 구입하는 부동산의 종류와 비율은 다음과 같다.

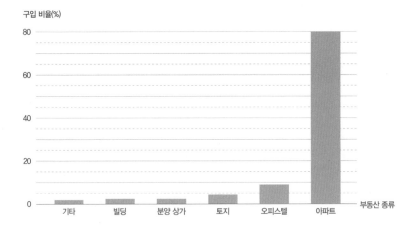

위의 통계를 살펴보면 많은 사람이 공부나 분석을 하지 않고 무턱대고 아파트를 재테크 수단으로 선택했다는 것을 짐작할 수 있다. 왜 그랬을까? 바로 전형적인 한국 주거 문화와 인식 때문이다. 많은 사람이 내 집을 꼭 가져야 한다는 막연한 책임감을 느끼고 있다. 이런 책임감에는 부모에게 물려받은 집에 대한 잘못된 인식이 어느 정도 일조했다고 여겨진다. 집 없는 서러움을 겪은 부모 세대가 자식에게만큼은 그런 경험을 대물림하지 않겠다는 생각에 자신도 모르게 세뇌시켜온 것이다.

부모 세대 대부분이 사글세(반전세)를 구하면서 가족 수가 많다는 이유로 집주인에게 퇴짜를 맞을까 봐 자녀들을 데려가지 않은 채 방을 확인하고 계약한 다음 이사하는 날 늦은 밤에 몰래 자녀들을 데리고 들어가 살았던 경험을 했다. 그러다 보니 무리해서라도 은행 대출을 받아 아파트를 구입하면 가족의 주거와 가격 상승이라는 이익 실현이 모두 가능할 것이라는 생각을 하게 되었다. 지금까지는 별 탈 없이 아파트 가격이 올랐지만 이제는 아파트 보급률 증가와 부동산 규제로 인해 오히려 세입자가 대접받는 시대가 되었다.

아파트는 가격이 오른다는 전제 조건 아래에서 좋은 부동산 재테크 상품이다. 그렇지만 현 정부의 각종 부동산 정책과 규제에 비추어볼 때 과연 앞으로도 아파트 가격이 꾸준히 오를지, 아니면 제자리일지, 하락할지 가늠하기 어렵다. 이러한 가격 변동에 대한 고민 자체가 아파트는 위험한 재테크 상품이라는 방증이다. 이전처럼 가격이 큰 변수 없이 꾸준히 오른다면 비록 시간은 좀 걸리더라도 기다릴 수 있다. 하지만 현재 같은 불확실한 상황에서 그런 모험을 할 필요가 있을까? 오히려 빌딩을 구입해 1차적으로 안정적인 임대료로 생활을 하고, 2차적으로 시세 차익까지 챙긴다면 훨씬 바람직한 투자일 것이다. 빌딩 전문가로 활동하면서 높은 시세 차익을 얻은 사람을 많이 본다. 이들은 입을 모아 이렇게 말한다. 빌딩 가격 상승은 다른 부동산 가격 상승과 비교할 수 없다고. 이것이 우리가 지금부터 빌딩에 대해 공부하고 투자를 시작해야 하는 이유다.

빌딩을 구입하기 부담된다면 단독주택을 사라

이제부터는 아래 그래프의 높은 비율 순서에 따른 투자야말로 행복으로 가는 지름길이라고 생각하면 된다.

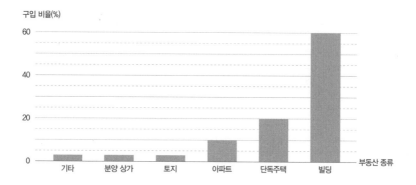

아파트 불패 신화는 끝났다. 수익과 지가 상승이라는 두 마리 토끼를 잡을 수 있는 상품을 찾아야 한다는 의미다. 고전적 투자, 단순한 투자, 친구 따라 하는 투자 등 잘못된 투자 방법 자체를 버리느냐 못 버리느냐에 따라 나의 미래에 서광이 비칠지, 폭우를 맞을지가 결정된다. 순간의 잘못된 판단이 자신과 가족을 채무의 구덩이에 빠뜨릴 수도 있기 때문이다.

빌딩을 구입하기 힘들다면 최소한 아파트보다는 단독주택을 사는 것이 최선의 선택이다. 2018년 서울시의 아파트 평균 매매가는 8억 원대로 올라섰다. 평균 매매 가격이 5억 원을 넘어서면서부터 아파트의 미래는 암흑기로 접어들기 시작했다. 특별한 지역을 제외하고 주거용 아파트의 가격 상승률은 대부분 거품이라고 해도 과언이 아니다. 다시 정리하면 아파트는 이제 더 이상 재테크 수단이 아니라고 생각하라는 말이다. 모두 빌딩 투자가 가치 있다는 말에는 동의한다. 그러나 빌딩 다음으로 아파트가 아닌 단독주택에 투자하라는 말에는 동의하기 어려울 것이다. 대부분의 사람이 단독주택보다 아파트를 선호하기 때문이다.

　단독주택이 중요한 이유 중 하나는 빌딩 소유의 시작점이기 때문이다. 구입 후 건물 일부분에 거주하면서 나머지 공간을 임대한다면 아파트 구입 예산의 50~60%만 투자해도 단독주택 마련이 가능하다. 특히 단독주택이 모여 있는 지역 대부분은 아직 상권이 제대로 형성되지 않았을 가능성이 크다. 단독주택을 구입해 거주하다가 어느 정도 상권이 형성되면 그 자리에 지하 1층에서 지상 4층 규모의 꼬마빌딩을 신축하라. 그러면 자산 가치가 몇 배 상승한다. 게다가 제1금융권에서는 '기성금 대출'이라고 해서 공사 진행 단계에 따라 순차적으로 대출을 해주기 때문에 굳이 건축비 때문에 고민할 이유가 없어 일거양득이다. 단, 신축 건물에서 나오는 월 임대료로 대출 이자를 지불할 수 있는지 먼저 따져봐야 한다. 임대료와 관련한 시장 조사를 우선적으로 해야 한다는 뜻이다. 잘못하면 대출금이나 이자를 감당하지 못해 애써 마련한 건물이 경매 등으로 타인에게 넘어갈 수도 있기 때문이다.

2. 니들이 빌딩 맛을 알아?
정확한 정보로 자신 있게 투자하라

빌딩, 제대로 알고 투자하라

빌딩 중개를 하다 보면 다양한 사람들과 상담을 한다. 빌딩을 마련하기 위해 준비해온 과정과 상황 또한 그야말로 다양하다. 고객들의 빌딩 구입 자금 경로 데이터를 23년 넘게 모아 통계를 냈더니 다음과 같았다.

순위	자금 출처	비율
1	사업 소득	43%
2	부동산 처분	27%
3	상속 및 증여	26%
4	금융 소득 및 기타 투자 수익	4%

이들의 빌딩 투자 성공은 앞으로도 계속될 것인가? 지금까지 해오던 안일한 방식으로 자산 증식의 꿈을 꾸고 있다면 차라리 그 소중한 자금을 부

동산에 투자할 것이 아니라 안전한 금융기관에 예치해놓는 게 나을지도 모른다.

사실 지금까지 강남의 입지 좋은 곳에 자리한 빌딩은 그다지 큰 신경을 쓰거나 관리하지 않아도 저절로 가격이 올라가는 부동산이었다. 그러나 이제는 체계적이고 철저한 분석을 뒷받침하지 않은, 요행을 바라는 부동산 투자는 위험하다. 부동산 지식이 부족하면 부족할수록 그 위험성은 더욱 높아진다. 결론부터 이야기하자면, 주변이나 지인을 통해 들은 정보, 언론에서 접한 정보를 바탕으로 투자하는 방식은 과감히 버려야 한다. 유명 배우가 출연한 CF 광고 중 유행어가 된 대사가 있다. 바로 "니들이 게 맛을 알아?"다. 부동산 시장에 빗댄다면 "니들이 빌딩 맛을 알아?"라는 아주 적합한 말로 바꿀 수 있다. 빌딩 맛을 제대로 알기 위해서는 투자하기 전 빌딩과 관련한 지식과 투자 방법을 익히고 꼼꼼히 사전 조사를 해야 한다. 이는 빌딩 구입 예산을 마련하는 일보다 더 중요하다.

다양한 매물을 보고, 현장 답사를 하고, 금리를 조정하라

그렇다면 나는 빌딩 투자에 성공할 준비가 되어 있을까? 그 여부를 알아보기 위한 몇 가지 질문을 준비했다.

Q. 사업으로 돈 버는 것과 빌딩 투자로 수익을 내는 것, 무엇이 더 쉬운가?

① 사업 ② 빌딩 ③ 잘 모르겠다

선택 번호	당부 글
1	사업으로 번 돈을 빌딩에 투자하라
2	지혜로운 선택이디
3	재테크 공부를 더 하라

Q. 지금까지 부동산 투자로 돈을 벌었다. 앞으로도 그럴까?

① 그렇다 ② 아니다 ③ 잘 모르겠다

선택 번호	당부 글
1	이전의 투자 방식에 대해 고민해봐라
2	돈을 벌 수 있는 지역을 찾는 데 더욱 힘써라
3	부동산 투자는 절대 시도하지 마라

Q. 부모님으로부터 상속이나 증여 받은 돈으로 빌딩 투자에 성공할 자신이 있는가?

① 그렇다 ② 아니다 ③ 잘 모르겠다

선택 번호	당부 글
1	근거 없는 자신감은 금물이다
2	빌딩 투자에 대해 제대로 알기 전까지는 절대 투자하지 마라
3	받은 돈을 잘 관리하는 것이 자산을 지키는 비법이다

Q. 지금까지 부동산 투자에 실패했다. 빌딩 투자도 그렇다고 생각하는가?

① 그렇다 ② 아니다 ③ 잘 모르겠다

선택 번호	당부 글
1	부동산 투자의 길을 걷지 않는 것이 낫다
2	투자에 있어 신중함은 매우 중요하다
3	일반적인 부동산과 빌딩의 다른 점을 연구하라

질문의 답변 중 ③번을 2개 이상 선택했다면 다음의 '최소 5개 법칙'을 반드시 기억하라!

1. 최소 2개월 이상 (빌딩 매물을 보러 다녀라)

2. 최소 2개월 이상 (공인중개사 사무소를 찾아 친분을 쌓아라)

3. 최소 5군데 이상 (공인중개사 사무소에 방문하라)

4. 최소 5회 이상 (빌딩 매물 현장을 1개월 내에 반드시 대중교통 수단을 이용해 부부가 따로따로 방문하라)

5. 최소 5군데 이상 (제1금융권의 은행을 방문해 금리를 조정하라)

    공인중개사와 함께 2개월 정도 빌딩을 보러 다니면 매물을 30~40개 이상 볼 수 있고, 친분도 쌓을 수 있으며, 그의 능력을 파악할 수도 있다. 빌딩 매물 현장을 부부가 함께 방문하면 냉정한 판단을 내리기 어려우니 따로따로 찾아가는 것이 좋다. 대출을 받을 때는 여러 은행의 대출 한도와 금리, 상환 방법 등을 비교해보고 가장 유리한 조건을 선택해야 한다.

    빌딩 투자에 성공하면 편안한 노후와 행복을 보장받을 확률이 높아진다. 그러나 반대로 빌딩 투자에 대한 지식도 없이 투자를 시작한다면 지금까지 모아놓은 돈을 한 방에 날릴 확률이 높아진다는 사실 또한 명심해야 할 것이다.

3. 빌딩 부자는 망해도 3대가 먹고산다
재테크 고수들의 남다른 빌딩 투자법

빌딩 소유주들의 놀라운 자산 증식

23년 넘게 부동산 중개업을 해오며 만난 수많은 자산가들의 빌딩 자산 관리를 해주면서 7년 전부터는 데이터베이스를 모아 해마다 나름대로 통계를 내고 있다. 매년 느끼는 점이지만 이들의 자산 증식 속도는 놀라울 정도다. 우리 회사에서 관리하는 빌딩 자산가는 800여 명. 이들의 평균 자산은 58억 원이 넘고 해마다 14억여 원씩 상승하는 것으로 조사됐다. 이들 중에는 150억 원이 넘는 빌딩 자산을 가지고 있는 사람도 28.6%에 이르고, 빌딩 자산은 연간 평균 3억500만 원씩 상승할 정도로 매년 가치가 오르고 있다. 통계를 내보니 개인의 전체 자산 중 부동산이 차지하는 비율이 54.3%가 넘는 것으로 나타났다.

다음 그래프를 보면 이들이 보유하고 있는 부동산 현황과 가격 상승 폭을 한눈에 알 수 있다.

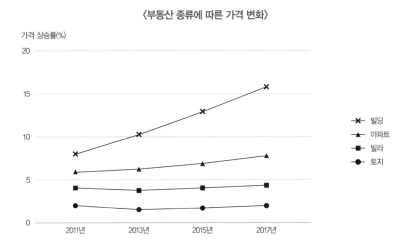

〈부동산 종류에 따른 가격 변화〉

가격 상승률(%)

-×- 빌딩
-▲- 아파트
-■- 빌라
-●- 토지

여전히 어떤 부동산 상품을 사야 할지 고민이라면 이 그래프를 참고로 빌딩을 새롭게 바라볼 필요가 있다. 이제껏 빌딩 투자에 대해 간과하고 있었다 해도 지금도 절대 늦지 않았다. 포기하지 말고 빌딩 주인이 되는 그날까지 도전을 멈추지 않기를 바란다.

빌딩 한 채의 어마어마한 위력

"잘사는 자는 부자를 낳고, 가난한 자는 가난을 낳는다!" 내가 자주 쓰는 말이다. 부자들은 자산 대부분이 빌딩이고, 자녀들 또한 부모의 빌딩 투자법과 운영 관리 비법을 전수받다 보니 계속해서 부를 이어나간다. 빌딩 자산가는 비록 망하더라도 '최소 3대'까지는 먹고 살 수 있을 정도의 여유 자금이 있다고 봐야 한다. 자녀에게 물질적인 자산을 물려주고 싶은 마음은 모두 같을 것이다. 이제부터라도 자녀에게 행복한 유산, 착한 상속 자산이 무엇인지 잘 판단해야 한다.

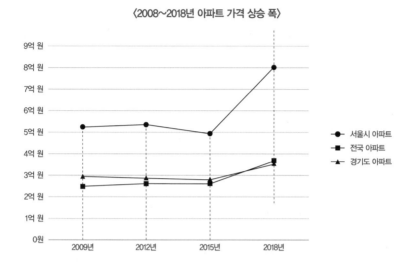

〈2008~2018년 아파트 가격 상승 폭〉

서울시와 경기도, 그리고 전국의 아파트 가격 상승 폭을 비교한 그래프다. 서울의 우량 지역에 있는 집 한 채가 얼마나 엄청난 자산 가치를 지녔는지 보여주고 있다. 좀 더 쉽게 설명하면 다음과 같다.

● 아파트를 보유한 사람이 망한 경우

　1. 지방에 아파트 한 채를 가진 사람이 망하면 3대가 힘들다.

　2. 경기권에 아파트 한 채를 가진 사람이 망하면 2대가 힘들다.

　3. 서울에 아파트 한 채 가진 사람이 망하면 1대만 힘들다.

● 빌딩을 보유한 사람이 망한 경우

　1. 지방에 빌딩 한 채를 가진 사람은 망해도 1대만 힘들게 산다.

　2. 경기권에 빌딩 한 채를 가진 사람은 망해도 1대가 먹고산다.

　3. 서울에 빌딩 한 채 가진 사람은 망해도 2대가 먹고산다.

　4. 강남에 빌딩 한 채 가진 사람은 망해도 3대가 먹고산다.

위기를 기회로 바꾸는 빌딩 부자들

부동산업계에서 8,395일 넘게 일하며 많은 것을 보고 느끼는데, 그중 중요한 하나가 바로 '망해도 3대가 먹고사는 부자는 따로 있구나!' 하는 것이다. 일반적으로 빌딩 투자는 부동산 경기가 좋을 때는 성공할 수 있고, 부동산 경기가 좋지 않을 때는 피해야 한다고 생각할 것이다. 상식적으로 맞는 말이다. 하지만 큰돈을 버는 사람들의 부동산 투자 방식은 일반인들과는 전혀 다르다. 6.25전쟁 이후 가장 어려웠다고 할 수 있는 1997년 국제통화기금(IMF) 외환 위기 시절. 이때는 개인도 기업도 나라도 모두 힘들었다. 그런데 한편으로는 엄청난 수의 부동산 재벌이 탄생한 시기이기도 하다. 2008년 금융 위기 시절에도 역시 상상을 초월하는 신흥 부동산 부자들이 탄생했다. 이들은 3대가 먹고살고도 남을 큰 재산을 만들었는데, 그 뒤에는 빌딩이라는 일등공신이 있었다.

그렇다면 과연 나의 부동산 투자 방식은 어떤지 한번 생각해보자. 대부분 부동산 경기가 좋지 않은 시기에는 투자를 피하고, 부동산 경기가 좋을 때 투자를 할 것이다. 그렇지만 부동산 경기가 좋을 때는 그만큼 가격이 오른 상태에서 구입해야 한다는 점을 생각해야 한다.

현명한 부동산 투자자는 경기가 좋지 않은 시기에 싼 가격에 구입하고, 부동산 경기가 좋을 때 비싼 가격에 되팔아 큰 시세 차익을 노린다. 나의 부동산 투자 방법을 뒤돌아보며 빌딩 부자로 가는 첫걸음을 떼어보자.

4. 아파트 가격이 10년 동안
6억 원 올랐는데도 화난 아들
강남의 상가주택이었다면 얼마나 올랐을까?

신사동 상가주택 대신 방이동 아파트 선택

2008년에 8억 원에 구입한 서울시 송파구 방이동의 올림픽선수촌아파트가 2018년 14억 원으로 올랐다면 10년 만에 6억 원의 차익을 얻었으니 대단히 성공적인 부동산 재테크를 한 셈이다. 그렇다면 좀 더 자세히 분석해보자.

아파트 구입 가격	8억 원	2008년 5월
아파트 현재 가격	14억 원	2018년 7월
월 가격 상승분	500만 원	
연 가격 상승분	6,000만 원	
10년간 가격 상승분	6억 원	

아파트 가격이 매월 500만 원, 매년 6,000만 원씩 상승해 10년 동안 총 6억 원이 올랐으니 이보다 잘한 재테크가 어디 있나 싶을 것이다. 아들이 자기 돈을 투자한 것도 아니고 부모님 돈으로 이 정도 자산을 불렸는데, 더군다나 나중에는 자신의 몫이 될 아파트인데 왜 화가 났을까!

부동산 전문가 안목으로 보더라도 상당히 훌륭한 재테크다. 단, 전제조건이 붙어야 한다. 과연 2008년 당시 이보다 가격 상승의 여지가 많은 재테크 상품이 없었느냐 하는 것이다. 아들은 바로 전제조건, 이 대목에서 안타까운 마음에 속이 상했던 것이다.

부부와 아들을 처음 만난 때는 2008년 초반 무렵이었다. 아버지가 세무사 사무소의 사무장 생활을 40년 넘게 하면서 모아놓은 자산이 이것저것 다 포함해 10억 원 정도 된다며 부동산 재테크 상담을 신청했다. 어머니와 아들은 강남구 신사동에 위치한 지하 1층~지상 4층 규모의 23억 원짜리 상가주택을 사고 싶어 했다. 현재 가지고 있는 자산 10억 원과 부족한 13억 원은 은행 대출을 받아 상가주택을 구입한 후, 4층에는 부모가 거주하고 나머지 층에서 받는 임대료로 대출금과 이자를 갚아나갈 계획을 세웠다. 그러나 아버지의 반대에 부딪혀 계획을 이루지 못했다. 대출을 받아 상가주택을 구입하는 것을 완강하게 반대하는 아버지 때문에 당시 대출 없이 구입이 가능했던 송파구에 있는 아파트를 산 것이다. 아버지의 성격이 워낙 강해서 나 역시 아파트보다는 상가주택이 훨씬 좋은 투자처라고 설득하기 힘들었다. 결국 어머니와 아들은 강남구 신사동 상가주택 구입을 포기하고 말았다. 그 이후 10년이라는 세월이 흘렀다.

65억 원까지 오른 신사동 상가주택

지난 7월 한 통의 전화가 걸려왔다. 어머니와 아들이 10년 전 이야기를 꺼내며 이번에 아파트를 팔았는데 다시 부동산 재테크 상담을 하고 싶다는 요청을 했다. 미팅 때 나의 첫 번째 질문은 "아버님은 같이 안 오셨어요?"였다. 아버지의 완강한 모습이 인상 깊게 남아 있었기 때문이다. 아버지는 연세도 많고 몸이 불편해서 함께 못 왔다고 했다. 조금은 편안한 마음으로 상담을 시작했다.

아들 10년 전에 저희가 구입하려고 했던 강남구 신사동의 23억 원짜리 상
가주택은 팔렸나요?

종복 네~ 당연히 팔렸죠. ^^

아들 그래요. 얼마에 팔렸나요?

종복 몇 년 전에 팔린 가격을 물어보시는 건가요?

아들 신사동 상가주택이 여러 번 팔렸나요?

종복 네~ 총 네 번 팔렸습니다.

아들 아니 그렇게 쉽게 팔렸나요?

종복 하하하. 얼마에 몇 번 팔렸냐가 더 중요하죠.

아들 네 번에 걸쳐 팔린 가격이 각각 어떻게 되나요?

종복 (매매가와 매수인 인적 사항 리스트를 보여주었다)

매매일	매매가	매수자	출생 연도	매수자 거주지
2008년 8월	23억 원	법인		서울시 강남구 논현동
2010년 7월	28억 원	부부	1947년, 1954년	서울시 구로구 시흥동
2010년 12월	44억 원	부부	1950년, 1956년	서울시 서초구 서초동
2011년 6월	48억 원	부부	1957년, 1961년	서울시 성동구 금호동

아들 (어머니와 함께 헛웃음을 지으며) 정말인가요?

종복 물론이죠. 2006년부터는 법으로 등기부등본에 다음 4가지를 의무적
으로 기재해야 합니다.

1. 매매 금액

2. 구입한 사람의 성명

3. 구입한 사람의 생년월일

4. 구입한 사람의 전입 주소

아들 그것 보세요, 엄마. 그때 아버지만 설득했어도….

엄마 하여간 너희 아버지 쇠고집 때문에 내가 속이 터진다.

종복 그래도 10년 전에 송파구 아파트를 8억 원에 구입해 14억 원에 파셨으면 재테크를 정말 잘하신 겁니다.

아들·엄마 그런데 신사동 상가주택이 마지막 매매된 시점이 2011년 6월이던데, 현재 가격은 얼마나 되나요?

종복 현재 시세를 말씀드리지 않는 편이 좋을 것 같습니다. 화병 나실 것 같아서요.

아들·엄마 지난 일인데요 뭐. 괜찮으니 편하게 말씀해주세요.

종복 저에게 물어보지 마시고, 해당 상가주택 인근 부동산을 찾아가면 정확하게 알 수 있습니다.

아들·엄마 지금 구입할 것도 아니고 일부러 가서 물어보기 좀 그렇네요. 그냥 편하게 말씀해주세요! 저희는 괜찮습니다.

종복 그럼 편하게 말씀드리겠습니다.

아들·엄마 네.

종복 65억 원 정도에 매물로 나오면 1개월 안에 매매된다고 보면 됩니다.

아들·엄마 (서로 얼굴을 바라보며 붉으락푸르락 화를 가라앉히기 바쁘다. 또다시 고집 센 아버지를 원망하기 시작했다)

종복 그러게 왜 물어보셨어요. ^^ 제가 속상하실 거라고 말씀드렸는데.

아들·엄마 우리에게 앞으로 그런 기회가 다시 찾아올까요?

종복 그걸 저에게 물어보시면 어떻게 합니까?

엄마 송파구에 있는 아파트를 판 14억 원에 이것저것 합하면 대략 16억 원 정도 되는데 강남에 그런 건물을 구입할 수 있나요?

종복 쉽시는 않시만, 그렇다고 불가능하지도 않습니다.

아들·엄마 그럼 이번에는 꼭 구입할 수 있도록 도와주세요.

종복 현금 16억 원 정도에 은행 대출을 잘 활용하면 매매가 40억 원 상당의 강남 상가주택을 구입할 수 있습니다.

아들 · 엄마 네~ 고맙습니다.

상담 종료 그러나 현재 또다시 아버지의 완강한 대출 반대로 10년 전과 같은 상황이 반복되고 있다고 한다.

한편으로 생각하면 아버지의 대출 반대도 한 귀로 흘려들을 수 없는 지당한 말씀이라고 생각한다. 과연 이 가족에게 송파구의 아파트 판 돈을 어디에 투자하는 것이 현명한 재테크일까? 시대의 흐름과 규제를 정확히 파악하지 않은 섣부른 부동산 투자는 쪽박의 길로 접어드는 지름길이다. 나라의 경기가 좋지 않고, 그 기간이 길어질수록 부자들이 살고 활동하는 지역과 가까운 곳에서 영업을 한다는 생각을 해야 한다.

미래 가치 큰 부동산 상품의 조건

다음 몇 가지 질문에 답하면서 그 해법을 찾아보자.

1. 부동산 가격은 지방부터 오르기 시작할까? 아니면 서울 강남부터 오르기 시작해 점점 지방으로 확산될까?

2. 빌딩 공실이 지방부터 시작될까? 아니면 서울 강남부터 공실이 시작돼 지방으로 확산될까?

3. 서울 강남에 있는 1인분에 5~6만 원 하는 한우 등심을 파는 고깃집이 장사가 잘될까? 아니면 지방에 있는 1인분에 3~5만 원 하는 수입산 고깃집이 장사가 잘될까?

4. 4인이 술을 마시면 100만 원 이상 나오는 서울 강남 술집이 장사가 잘될까? 아니면 50~60만 원 나오는 지방 술집이 장사가 잘될까?

5. 빌딩 가격이 같은 경우, 은행에서는 지방에 있는 빌딩에 대출을 많이 해줄까? 아니면 서울 강남에 있는 빌딩에 대출을 더 많이 해줄까?

6. 부동산 가격이 낮고 저평가 받는 지역에 지하철역이 들어설까? 아니면 부자 동네에 지하철역이 들어설까?

많은 사람이 이미 답을 알고 있을 것이다. 부동산 가격은 서울 강남부터 오르기 시작하고, 빌딩의 공실은 지방부터 시작되고, 강남의 고급 고깃집과 술집이 장사가 더 잘될 것이며, 같은 가격의 빌딩이라도 강남에 자리한 빌딩이 대출을 더 많이 받을 수 있고, 부자 동네에 여러 노선의 지하철이 개통된다고 생각할 것이다. 미래 가치가 큰 부동산 재테크 상품의 '에이트 GO 법칙'을 소개한다. 이런 상품이라면 무조건 '고'를 외쳐야 한다.

☞ 원 GO : 가격이 꾸준히 상승하고

☞ 투 GO : 공실 걱정이 덜하고

☞ 쓰리 GO : 비록 적은 임대료라도 매월 꼬박꼬박 나오고

☞ 포 GO : 본인이 거주하는 지역과 가깝고

☞ 파이브 GO : 희소성(팔고자 할 때 쉽게 팔리는 것을 의미)이 있고

☞ 식스 GO : 증여·상속 가치가 높고

☞ 세븐 GO : 세입자 수준이 높고

☞ 에이트 GO : 여유 자금이 많은 세입자가 몰리는 곳에 위치한 빌딩

앞으로는 고스톱의 '쓰리 GO'보다 훨씬 중요한 부동산 재테크 '에이트 GO'를 꼭 기억하기 바란다.

5. 아파트 한 채 금액으로 빌딩 주인 된 80인
희망과 용기로 발품 팔면 빌딩 주인 될 수 있다

과감한 투자로 빌딩 매매에 성공

아파트 한 채 값에 상당하는 돈을 투자해 빌딩 주인이 된다? 말도 안 되는 소리처럼 들릴지 모르지만 얼마든지 가능한 일이다. 나의 전작인 『나도 강남 빌딩 주인 될 수 있다』를 읽은 뒤 아파트 한 채 금액으로 빌딩 주인이 될 수 있다는 희망과 용기를 가지고 책의 내용을 토대로 발품을 팔아 실천한 끝에, 현재 빌딩 주인으로 성공한 예를 정리해보았다. 구입 당시 가격과 실투자금 대비 높은 시가 상승으로 행복한 나날을 보내고 있는 분들 중 대표적인 80인을 소개한다.

〈아파트 한 채 금액으로 빌딩 주인 된 80인〉

빌딩 구입 시기 및 시세 기준일 : 2016년 11월 20일~2018년 10월 20일

번호	거주지	연령	빌딩 소재지	구입 가격	보증금	실투자금
				현 시세	대출금	
1	서울	40대(여)	강남구 논현동	27억 원	1억5,000만 원	6억5,000만 원
				36억 원	19억 원	
2	안양	50대(부부)	서초구 양재동	22억 원	1억 원	4억 원
				32억 원	17억 원	
3	서울	법인	서초구 방배동	61억 원	2억 원	4억 원
				86억 원	55억 원	
4	서울	50대(부부)	용산구 한남동	51억 원	2억 원	5억 원
				78억 원	44억 원	
5	광주	40대(부부)	서초구 양재동	24억5,000만 원	4억5,000만 원	5억 원
				35억 원	15억	
6	서울	40대(여)	신촌역 인근	24억 원	1억7,000만 원	3억3,000만 원
				33억 원	19억 원	
7	서울	40대(부부)	강남구 개포동	30억 원	2억 원	8억 원
				40억 원	20억 원	
8	충남	40대(남)	서초구 양재동	28억 원	2억2,000만 원	4억8,000만 원
				41억 원	21억 원	
9	춘천	법인	서초구 양재동	36억 원	5억2,000만 원	5억8,000만 원
				48억 원	25억 원	
10	서울	30대(남)	강남구 역삼동	43억7,000만 원	4억 원	8억7,000만 원
				60억 원	31억 원	
11	서울	50대(부부)	강남구 역삼동	38억 원	2억2,000만 원	7억8,000만 원
				52억 원	28억 원	
12	서울	40대(부부)	강남구 청담동	38억 원	1억 원	12억 원
				50억 원	25억 원	
13	서울	30대(부부)	서초구 양재동	38억 원	3억 원	10억 원
				52억 원	25억 원	
14	서울	법인	강남구 개포동	44억 원	1억 원	4억 원
				63억 원	39억 원	
15	서울	40대(부부)	강남구 청담동	34억 원	1억 원	9억 원
				49억 원	24억 원	

번호	거주지	연령	빌딩 소재지	구입 가격	보증금	실투자금
				현 시세	대출금	
16	서울	법인	서초구 반포동	51억 원	1억2,000만 원	9억8,000만 원
				72억 원	40억 원	
17	서울	40대(자매)	강남구 청담동	28억 원	4억 원	4억 원
				58억 원(신축)	20억 원	
18	서울	법인	강남구 청담동	35억 원	1억 원	9억 원
				46억 원	25억 원	
19	서울	법인	강남구 신사동	85억 원	4억2,000만 원	7억8,000만 원
				127억 원	73억 원	
20	서울	40대(부부)	강남구 역삼동	41억 원	1억 원	7억 원
				55억 원	33억 원	
21	서울	40대(남)	강남구 도곡동	13억 원	8,000만 원	4억2,000만 원
				20억 원	8억 원	
22	서울	40대(남)	강남구 역삼동	45억 원	1억 원	9억 원
				59억 원	35억 원	
23	서울	40대(남)	강남구 도곡동	16억 원	9,000만 원	3억1,000만 원
				24억 원	12억 원	
24	서울	법인	강남구 논현동	54억 원	9억2,000만 원	4억8,000만 원
				74억 원	40억 원	
25	서울	개인(4인)	강남구 삼성동	172억 원	9억2,000만 원	12억8,000만 원
				241억 원	150억 원	
26	용인	40대(여)	신촌역 인근	23억5,000만 원	1억2,000만 원	5억3,000만 원
				33억 원	17억 원	
27	서울	부자(남)	홍대입구역 인근	27억 원	1억5,000만 원	6억5,000만 원
				36억 원	19억 원	
28	서울	40대(부부)	관악구 봉천동	48억 원	1억5,000만 원	8억5,000만 원
				63억 원	38억 원	
29	서울	60대(남)	강남구 청담동	33억5,000만 원	8억 원	6억5,000만 원
				55억 원	19억 원	
30	서울	법인	강남구 청담동	45억 원	12억 원	8억 원
				70억 원	25억 원	
31	서울	50대(여)	강남구 청담동	25억1,000만 원	9억2,000만 원	6억9,000만 원
				75억 원(신축)	9억 원	
32	서울	가족(7인)	강남구 청담동	37억 원	1억7,000만 원	7억3,000만 원
				102억 원(신축)	28억 원	

번호	거주지	연령	빌딩 소재지	구입 가격 / 현 시세	보증금 / 대출금	실투자금
33	서울	법인	강남구 청담동	65억 원	2억5,000만 원	11억5,000만 원
				184억 원(신축)	51억 원	
34	서울	40대(여)	강남구 논현동	33억 원	1억3,000만 원	6억7,000만 원
				81억 원	25억 원	
35	서울	60대(남)	강남구 논현동	32억 원	2억4,000만 원	8억6,000만 원
				75억 원(신축)	21억 원	
36	서울	30대(부부)	강남구 논현동	26억 원	4억 원	6억 원
				40억 원	16억 원	
37	서울	50대(부부)	강남구 역삼동	105억 원	5억5,000만 원	11억5,000만 원
				186억 원	88억 원	
38	판교	50대(부부)	강남구 논현동	46억 원	8억8,000만 원	8억2,000만 원
				67억 원	29억 원	
39	강원도	법인	강남구 역삼동	110억 원	3억 원	17억 원
				212억 원	90억 원	
40	서울	법인	강남구 역삼동	69억 원	4억5,000만 원	9억5,000만 원
				101억 원	55억 원	
41	서울	30대(남)	강남구 역삼동	68억 원	3억7,000만 원	10억3,000만 원
				104억 원	54억 원	
42	분당	법인	강남구 역삼동	44억3,000만 원	3억 원	7억3,000만 원
				70억 원	34억 원	
43	서울	법인	강남구 청담동	54억 원	21억 원	9억 원
				112억 원	24억 원	
44	서울	50대(부부)	강남구 개포동	23억 원	14억5,000만 원	3억5,000만 원
				45억 원	5억 원	
45	인천	법인	강남구 도곡동	52억 원	2억9,000만 원	6억1,000만 원
				75억 원	43억 원	
46	서울	법인	강남구 대치동	65억 원	7억5,000만 원	7억5,000만 원
				176억 원(신축)	50억 원	
47	포천	법인	강남구 삼성동	79억 원	3억4,000만 원	11억6,000만 원
				174억 원	64억 원	
48	강원도	법인	강남구 삼성동	41억 원	1억7,000만 원	8억3,000만 원
				63억 원	31억 원	
49	서울	20대(여)	강남구 삼성동	35억 원	2억6,000만 원	7억4,000만 원
				54억 원	25억 원	

번호	거주지	연령	빌딩 소재지	구입 가격 / 현 시세	보증금 / 대출금	실투자금
50	서울	20대(여)	강남구 삼성동	35억 원	2억2,000만 원	8억8,000만 원
				49억 원	24억 원	
51	서울	모녀지간(여)	강남구 논현동	32억 원	1억1,000만 원	7억9,000만 원
				75억 원(신축)	23억 원	
52	서울	20대(남)	용산구 이태원	29억 원	1억 원	6억 원
				43억 원	22억 원	
53	서울	40대(부부)	강남구 청담동	27억 원	1억3,000만 원	6억7,000만 원
				39억 원	19억 원	
54	서울	40대(부부)	강남구 논현동	23억 원	2억1,000만 원	5억9,000만 원
				36억 원	15억 원	
55	서울	30대(여)	강남구 논현동	33억 원	3억5,000만 원	7억5,000만 원
				46억 원	22억 원	
56	서울	20대(남)	강남구 신사동	38억 원	2억 원	8억 원
				68억 원(신축)	28억 원	
57	서울	30대(여)	용산구 이태원	53억 원	3억 원	11억 원
				70억 원	39억 원	
58	서울	부자지간(남)	용산구 한남동	39억 원	4억1,000만 원	7억9,000만 원
				58억 원	27억 원	
59	서울	60대(남)	강남구 청담동	43억 원	3억3,000만 원	8억7,000만 원
				75억 원	31억 원	
60	서울	50대(여)	강서구 화곡동	39억 원	2억 원	8억 원
				52억 원	29억 원	
61	서울	70대(남)	강남구 신사동	82억 원	2억4,000만 원	4억6,000만 원
				130억 원	75억 원	
62	서울	60대(남)	강남구 신사동	48억 원	3억 원	5억 원
				92억 원	40억 원	
63	서울	40대(남)	동작구 흑석동	58억 원	4억5,000만 원	10억5,000만 원
				77억 원	43억 원	
64	서울	50대(부부)	동작구 상도동	35억 원	1억 원	10억 원
				47억 원	24억 원	
65	서울	40대(남)	강남구 신사동	98억 원	3억 원	15억 원
				155억 원(신축)	80억 원	
66	서울	30대(남)	강남구 신사동	87억 원	4억8,000만 원	12억2,000만 원
				121억 원	70억 원	

번호	거주지	연령	빌딩 소재지	구입 가격 현 시세	보증금 대출금	실투자금
67	서울	40대(부부)	강남구 신사동	81억 원	5억5,000만 원	7억5,000만 원
				112억 원	68억 원	
68	부산	30대(부부)	강남구 역삼동	23억1,000만 원	9,000만 원	7억2,000만 원
				38억 원	15억 원	
69	서울	60대(남)	강남구 역삼동	26억 원	5,000만 원	9억 원
				41억 원	16억5,000만 원	
70	서울	50대(남)	강남구 역삼동	81억 원	4억 원	5억 원
				121억 원	72억 원	
71	서울	40대(여)	강남구 논현동	34억 원	2억5,000만 원	6억5,000만 원
				101억 원(신축)	25억 원	
72	서울	30대(여)	강남구 논현동	30억 원	1억 원	8억 원
				44억 원	21억 원	
73	서울	50대(부부)	강남구 신사동	32억5,000만 원	6억 원	3억5,000만 원
				59억 원	23억 원	
74	서울	60대(여)	강남구 신사동	34억 원	2억 원	9억 원
				54억 원	23억 원	
75	서울	30대(남)	성동구 성수동	21억 원	1억4,000만 원	4억6,000만 원
				40억 원	15억 원	
76	대구	30대(부부)	성동구 성수동	26억 원	1억 원	7억 원
				44억 원	18억 원	
77	서울	40대(남)	성동구 성수동	27억 원	1억2,000만 원	7억8,000만 원
				45억 원	18억 원	
78	서울	40대(여)	성동구 성수동	10억 원	1억5,000만 원	2억5,000만 원
				22억 원	6억 원	
79	서울	법인	성동구 성수동	18억 원	8,000만 원	4억7,000만 원
				40억 원	12억5,000만 원	
80	용인	40대(여)	성동구 성수동	21억 원	1억7,000만 원	5억3,000만 원
				40억 원	14억 원	

실투자금은 소유권 이전 비용 별도임

〈빌딩 주인 80인의 상세 통계〉

1. 법인과 개인 비율

법인
22%

개인
78%

2. 소유권 이전 성별 비율

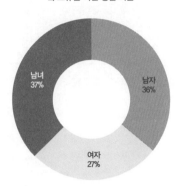

남녀
37%

남자
36%

여자
27%

3. 개인 구입자 연령 비율

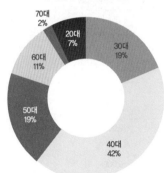

70대
2%

20대
7%

30대
19%

60대
11%

50대
19%

40대
42%

4. 실투자금과 대출금 비율

실투자금
25%

대출금
75%

빌딩 주인 80인의 통계 자료를 보면 은행 대출금을 두려워하지 않는 과감한 투자로 성공한 사례가 많다. 물론 대출을 많이 받을 수 있다는 이유로 덥석 빌딩을 구입하는 것은 매우 위험한 발상이다. 또한 대출을 많이 받아서라도 꼭 구입해야 할 위치의 빌딩이 있는가 하면, 절대 사지 말아야 할 빌딩도 있다. 이에 대한 내용은 3장 '돈 되는 빌딩 구입 실전 노하우' 편에서 좀 더 자세히 다룰 것이다. 결론은 월 임대료로 대출 이자를 낼 수 있을 뿐더러 빌딩 가격 상승률이 높은 지역을 선택해야 한다는 것이다. 그렇게 해야만 남는 장사라고 할 수 있다.

아파트 세입자에서 양재동 꼬마빌딩 주인 된 사연

80인 안에는 포함되어 있지 않지만, 독자들에게 꼭 소개하고 싶은 예가 하나 있다. 30대 후반인 맞벌이 부부는 전세금 6억5,000만 원을 내고 서울 구로구 신도림동의 한 아파트에 살고 있었다. 이 부부는 내 방송을 보고 본인들이 안고 있는 몇 가지 고민을 해결하고자 상담 신청을 해왔다.

〈부부의 고민〉

① 만기일이 돌아오는데 전세금을 좀 더 올려주고 계속 살아야 하는지?

② 다른 전셋집으로 이사를 해야 하는지?

③ 집을 사야 하는지?

④ 집을 산다면 어느 동네에 사야 하는지?

⑤ 아들(중1)과 딸(초6)의 교육을 고려해 강남으로 가야 하는지?

⑥ 현재 전세금으로 강남의 꼬마빌딩을 구입할 수 있는지?

⑦ 빌딩 구입이 가능하다면 위층에 거주할 수 있는지?

⑧ 부족한 자금은 대출받을 수 있는지?

⑨ 월 임대료로 대출 이자 납부가 가능한지?

결론부터 이야기하면 이 부부는 서울 서초구 양재동(지하철 신분당선 양재시민의숲역에서 도보 7분 거리, 매헌초등학교·언남고등학교·언남중학교 인근)에 위치한 꼬마빌딩을 구입해 현재 5층에 거주하고 있다. 부부가 매입한 빌딩의 개요는 다음과 같다.

소재지	서울시 서초구 양재동
대지	약 168㎡
총면적	약 528㎡
준공	1997년
층별 임대 업종	지하 1층(당구장)
	지상 1층(편의점)
	지상 2층(학원)
	지상 3층(학원)
	지상 4층(학원)
	지상 5층(소유주 부부 거주)
매매가	23억 원
소유권 이전 비용	1억 원
은행 대출금	17억 원
전체 보증금	2억4,000만 원(5층 주인 세대 제외)
실투자금	4억6,000만 원
전체 세입자 월 임대료	590만 원
월 대출 이자	560만 원

결론
이들 부부는 전세금 6억5,000만 원 중 4억6,000만 원으로
매매가 23억 원의 꼬마빌딩을 구입했다.
전세금의 나머지 1억9,000만 원은 추후 승강기 설치와 리모델링
비용으로 비축해놓은 상태다.

부부가 양재동 빌딩을 23억 원에 구입한 시기는 2017년 4월경이다. 현재(2019년 1월 기준) 시세를 조사해보니 31억 원이 넘는 것으로 확인됐다.

실투자금 4억6,000만 원으로 8억 원의 시세 차익을 얻은 것이다. 그것도 2년이 채 되지 않아서 말이다.

대부분 은행 대출금을 부담스러워해 좋은 빌딩을 구입할 수 있는 기회를 다른 사람에게 넘겨주게 된다. 은행 대출금이 무서워 용기를 내지 못하는 것은 지극히 당연하다. 은행 대출을 절대 우습게 보면 안 된다. 잘못하다가는 대출 이자를 제 날짜에 납부하지 못해 은행에서 법원 경매로 넘기는 바람에 재산이 고스란히 사라지는 경우도 있기 때문이다.

하지만 대출 이자는 발생하더라도 빌딩 가격 상승 폭이 크다면 남는 장사라고 생각할 필요도 있다. 처음에는 말도 안 되는 예산으로 빌딩을 구입한다는 엄청난 계획을 세우고 서로 의견이 달라 부부 싸움까지 했다는 이 부부의 경우만 봐도 그렇다. 결국 아내의 고집을 남편이 꺾지 못하고 어쩔 수 없이 대출을 받아 꼬마빌딩을 구입한 부부. 아마도 이제는 아내의 말이라면 '팥으로 메주를 쑨다'고 해도 믿고 따르지 않을까?

6. 나도 빌딩 투자에 성공할 수 있을까?
나의 빌딩 투자 실력을 알아보는 체크리스트

1. 언제부터 빌딩 하나는 꼭 필요하다고 느꼈는가?

ⓐ 1~3개월 전 ⓑ 4~12개월 전 ⓒ 1~ 3년 전 ⓓ 오래됐다

번호	ⓐ	ⓑ	ⓒ	ⓓ
점수	2	3	4	1

2. 빌딩을 매입하려는 주된 이유는?

ⓐ 사옥용 ⓑ 신축 · 리모델링 ⓒ 수익용 ⓓ 투자용

번호	ⓐ	ⓑ	ⓒ	ⓓ
점수	2	4	3	1

3. 최초로 빌딩을 매입하려고 생각했던 시기보다 가격이 올랐는가?

ⓐ 잘 모르겠다 ⓑ 그대로다 ⓒ 조금 올랐다 ⓓ 많이 올랐다

번호	ⓐ	ⓑ	ⓒ	ⓓ
점수	0	2	3	4

4. 부동산 시장을 전망한다면?

ⓐ 잘 모르겠다 ⓑ 그대로일 것이다 ⓒ 조금 오를 것이다

ⓓ 많이 오를 것이다

번호	ⓐ	ⓑ	ⓒ	ⓓ
점수	0	-1	2	4

5. 빌딩의 미래 가치가 높은 지역은 어디라고 생각하는가?

　ⓐ 잘 모르겠다　ⓑ 강남구　ⓒ 강남 3구(강남·서초·송파)

　ⓓ 서울 전역

번호	ⓐ	ⓑ	ⓒ	ⓓ
점수	0	4	3	1

6. 본인이 보유한 부동산은?

　ⓐ 임야　ⓑ 아파트　ⓒ 분양 상가　ⓓ 다가구　ⓔ 건물

번호	ⓐ	ⓑ	ⓒ	ⓓ	ⓔ
점수	-2	2	-1	3	4

7. 본인이 보유한 부동산을 평가한다면?

　ⓐ 잘 모르겠다　ⓑ 그대로다　ⓒ 조금 올랐다　ⓓ 많이 올랐다

번호	ⓐ	ⓑ	ⓒ	ⓓ
점수	-1	-2	1	4

8. 부동산 가격은 수익률로 평가된다고 생각하는가?

　ⓐ 잘 모르겠다　ⓑ 조금 그렇다　ⓒ 많이 그렇다　ⓓ 아니다

번호	ⓐ	ⓑ	ⓒ	ⓓ
점수	1	2	4	-2

9. 부동산 상품 중 어떤 것이 가장 미래가 밝다고 보는가?

　ⓐ 임야　ⓑ 아파트·주상복합　ⓒ 다가구·다세대·단독주택　ⓓ 빌딩

번호	ⓐ	ⓑ	ⓒ	ⓓ
점수	-2	1	3	4

10. 지금까지 부동산을 매입하면서 만난 중개인을 평가한다면?

    ⓐ 잘 모르겠다 ⓑ 그저 그렇다 ⓒ 별로였다 ⓓ 엉망이었다

    ⓔ 아주 잘했다

번호	ⓐ	ⓑ	ⓒ	ⓓ	ⓔ
점수	-2	2	-1	3	4

11. 부동산을 매입하는 데 중개인의 역할이 얼마나 중요하다고 생각하나?

    ⓐ 잘 모르겠다 ⓑ 그저 그렇다 ⓒ 중요하다 ⓓ 매우 중요하다

번호	ⓐ	ⓑ	ⓒ	ⓓ
점수	-2	1	2	4

12. 지금까지 어떤 경로를 통해 부동산에 대한 자료를 얻고 매입했나?

    ⓐ 지인 ⓑ 신문 광고 ⓒ 인터넷 ⓓ 금융기관 ⓔ 공인중개사

번호	ⓐ	ⓑ	ⓒ	ⓓ	ⓔ
점수	1	2	-1	3	4

13. 얼마가 있어야 빌딩 투자가 가능하다고 생각하는가?

    ⓐ 5억 원 미만 ⓑ 6~10억 원 ⓒ 11~15억 원 ⓓ 16~20억 원

번호	ⓐ	ⓑ	ⓒ	ⓓ
점수	-1	4	2	1

14. 지금까지 부동산 매입 자료 데이터는 어떻게 받아봤나?

    ⓐ 부동산 방문 ⓑ 본인 회사에서 ⓒ 집에서 ⓓ 이메일 ⓔ 팩스

번호	ⓐ	ⓑ	ⓒ	ⓓ	ⓔ
점수	4	3	2	1	-1

15. 우량한 빌딩 매물이 나왔다면 어느 정도의 기간 안에 계약해야 한다고 생각하는가?

    ⓐ 즉시   ⓑ 1개월 이내   ⓒ 3개월 이내   ⓓ 6개월 이내

번호	ⓐ	ⓑ	ⓒ	ⓓ
점수	4	3	2	1

16. 지금까지 부동산 매입은 누가 결정했나?

    ⓐ 본인   ⓑ 배우자   ⓒ 부모님   ⓓ 지인

번호	ⓐ	ⓑ	ⓒ	ⓓ
점수	3	2	1	-1

17. 지금까지 가장 마음에 들었던 부동산의 가격이 현재는 어떻게 되었다고 생각하는가?

    ⓐ 많이 올랐다   ⓑ 그대로다   ⓒ 조금 올랐다   ⓓ 하락했다

번호	ⓐ	ⓑ	ⓒ	ⓓ
점수	4	1	3	2

18. 빌딩의 평균 연수익률은 얼마가 적당하다고 생각하는가?

    ⓐ 모르겠다   ⓑ 상관없다   ⓒ 3~4%   ⓓ 5~6%

번호	ⓐ	ⓑ	ⓒ	ⓓ
점수	4	1	3	2

19. 본인의 빌딩 투자에 대한 지식은 몇 점이라고 생각하는가?

    ⓐ 10점 이하   ⓑ 20~30점   ⓒ 40~50점   ⓓ 60~70점   ⓔ 80~90점
    ⓕ 100점

번호	ⓐ	ⓑ	ⓒ	ⓓ	ⓔ	ⓕ
점수	2	4	3	1	-1	-2

20. 주변에 빌딩 투자로 성공한 사람이 있는가?

ⓐ 있다　ⓑ 없다　ⓒ 잘 모르겠다

번호	ⓐ	ⓑ	ⓒ
점수	3	1	-1

21. 주변의 부동산 투자로 성공한 사람보다 본인이 더 능력이 있다고 생각하는가?

ⓐ 그렇다　ⓑ 아니다　ⓒ 똑같다　ⓓ 잘 모르겠다

번호	ⓐ	ⓑ	ⓒ	ⓓ
점수	4	2	1	-1

〈나의 빌딩 투자 점수에 따른 전문가의 진단〉

순위	점수	전문가 진단
1등	64~82점	실수로 투자해도 돈 벌 수 있는 실력자
2등	43~63점	지금까지 모아둔 자산을 한 방에 날릴 위험성이 있으니 신중을 기해 투자하라
3등	22~42점	빌딩의 중요성을 조금 더 공부하라
4등	1~21점	부동산 투자를 하지 마라
5등	0점 이하	돈이 남아도 절대 부동산 투자를 하지 마라

위의 문제에 대한 답을 작성하면서 많은 것을 느끼고 이해했다면 앞으로 빌딩 투자에 성공할 확률이 꽤 높다. 하지만 문제를 풀면서 무슨 말인지 도대체 모르겠다면 몇 년 동안은 빌딩 투자의 꿈도 꾸지 말고 투자를 위한 자금을 모으는 데 집중하는 것이 바람직하다.

60억 원짜리 아파트! 가격 상승 계속될까?

가장 비싼 아파트는 어느 지역의 무슨 아파트이며, 가격은 어느 정도일까?

순위	지역	아파트명	전용 면적	실거래가
1	서울시 강남구 삼성동	현대아이파크	약 136㎡	105억3,000만 원
2	서울시 용산구 한남동	한남더힐	약 245㎡	78억 원
3	서울시 강남구 청담동	상지리츠빌카일룸	약 245㎡	64억 원
4	서울시 강남구 청담동	마크힐스이스트윙	약 193㎡	59억 원
4	서울시 강남구 청담동	상지리츠빌카일룸2차	약 244㎡	59억 원
6	서울시 성동구 성수동1가	갤러리아포레	약 242㎡	53억 원
7	서울시 강남구 압구정동	현대7차	약 245㎡	52억5,000만 원
8	서울시 강남구 도곡동	타워팰리스1	약 245㎡	50억 원
8	서울시 강남구 삼성동	현대아이파크	약 195㎡	50억 원
10	서울시 강남구 도곡동	타워팰리스2	약 218㎡	49억2,000만 원
	평균 매매가			62억 원

(거래 기간 : 2017~2018년)

2017년 8월 한 러시아인이 강남구 삼성동의 현대아이파크를 대출 하나 없이 현금 105억3,000만 원에 구입했다. 러시아인에게 아파트를 매매한 전 소유자는 2006년 9월에 36억2,000만 원에 구입해 11년 만에 69억1,000만 원이라는 가격 상승 효과를 봤다. 그렇지만 과연 105억3,000만 원이라는 가격이 정상적인 시세인지는 고민해봐야 할 것이다.

위 통계 자료만 놓고 보면 전국적으로 가장 비싼 아파트 10위 안에 드는 아파트 가운데 용산구 한남동의 '한남더힐'과 성동구 성수동1가의 '갤러리아포레'를 제외하고 나머지 8개 아파트 모두 강남구에 위치한다. 이들 아파트의 평균 가격은 62억 원. 과연 이 아파트들의 가격은 언제까지 오를까? 지금의 가격을 5년 후에도 유지한다는 보장이 없다는 것이 전문가들의 의견. 그렇다면 만약 지금 62억 원짜리 아파트를 팔아 같은 가격대의 빌딩을 구입한다면 어떨까? 빌딩의 가격은 5년 후 최소 20~30억 원이 상승한 80~90억 원대가 될 것이라고 전문가들은 보고 있다. 이제는 아파트가 아닌 미래 가치가 높은 부동산 자산인 빌딩에 투자하는 것이 올바른 판단이라고 여겨진다.

PART 2

빌딩 부자 되고 싶다면
이 지역에 투자하라

1. 현재와 미래의 빌딩 1번지
빌딩을 사려면 이 지역을 눈여겨봐라

미래 가치가 있는 지역은 어디인가

"순간의 선택이 평생을 좌우한다!" 이 말은 빌딩 투자에도 딱 들어맞는다. 빌딩 투자를 계획하는 사람은 '얼마의 예산으로 어느 지역에 어느 정도의 수익률이 나오는 빌딩을 구입할까' 하는 고민을 가장 먼저 할 것이다. 그런데 더 중요한 것은 현재 인기 있는 지역과 빌딩 가격 상승 폭을 알아보고, 미래에는 어느 지역의 빌딩이 최소 3대 후손까지 먹여 살릴 수 있을지 파악하는 일이다. 즉, 미래 가치가 있는 지역의 빌딩에 투자해야 한다는 뜻이다. 어느 지역의 빌딩을 구입하느냐는 일생일대의 매우 중요한, 평생을 좌우하는 선택이다.

내가 부동산업계에 진출한 시점인 1995년부터 현재까지의 경험과 데이터를 중심으로 지역에 따른 가격 상승 폭을 분석해 빌딩 가치의 변화를 살펴보았다.

서울의 1990년대 8대 상권부터 현재까지의 변화

1990년대 상권은 지하철역을 중심으로 형성되었다. 서울의 8대 상권으로 꼽히는 강남역, 잠실새내역(구 신천역), 건대입구역, 종로3가역, 신촌역, 영등포역, 서울대입구역, 사당역 인근 지역이 인기를 끌며 상가 임대료와 권리금이 높게 형성되어 있었다. 그 당시 8대 상권 지역의 유동인구는 한마디로 폭발적이었다. 그래서 빌딩을 구입하려는 사람들은 미래 가치나 가격 등을 따지지 않은 채 '유동인구가 이토록 많으니 세입자가 임대료를 체납할 일은 없겠지'라는 단순한 생각으로 8대 상권 지역의 빌딩을 사들이는 것이 가장 성공한 투자라고 여기던 시대였다. 아래 그래프는 1995년 당시 빌딩 투자 인기 지역을 나타낸 것이다. 도표에서 알 수 있듯이 그 당시 강남역 인근은 8대 상권 중에서도 인기 있는 지역이 아니었다.

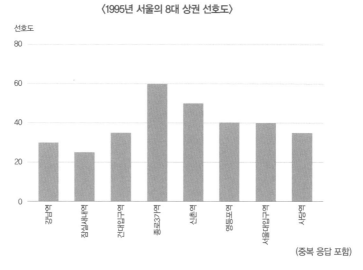

〈1995년 서울의 8대 상권 선호도〉

(중복 응답 포함)

8대 상권을 살펴보면 대학가와 젊은 층이 몰리는 지역이 땅값을 주도한 것을 알 수 있다

√ 신촌역(연세대학교, 이화여자대학교, 서강대학교)

√건대입구역(건국대학교, 세종대학교)

√서울대입구역(서울대학교)

√잠실새내역(구 신천역)

√영등포역

　1995년만 해도 젊은 층의 유동인구가 많은 지역이 인기였지만, 1997년 정부가 IMF에 구제금융을 요청한 외환 위기 이후 서서히 상권과 빌딩 가격 상승 지역에 변화가 생기기 시작했다. 젊은 층을 상대로 하는 지역은 경기에 민감하기 때문에 불황기에는 소비가 급격히 하락한다. 특히 경제력이 없는 학생들은 불경기에 부모에게 받은 용돈만으로는 여유 있게 쓰기 어렵고, 자신이 힘들게 아르바이트를 해서 모은 돈은 손쉽게 사용하지 않는다. 이런 현상은 상가 영업 매출 감소로 이어져 임대료 연체가 발생하게 된다. 여러 요인으로 변화가 시작된 상권은 2005년에는 아래의 그래프처럼 바뀌었다.

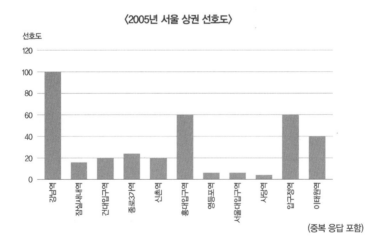

〈2005년 서울 상권 선호도〉

(중복 응답 포함)

서울의 8대 상권 중 빌딩 투자 우량 지역의 지각변동이 생기기 시작했다. 영등포역, 서울대입구역, 사당역 인근은 특별한 개발 호재나 상권 변화가 없어 가격 상승의 한계를 보였고 이태원역, 압구정역, 홍대입구역 주변 지역이 새롭게 인기를 끌면서 빌딩 가격과 월 임대료 상승의 견인차 역할을 하기 시작한 것이다.

이전까지는 역세권 위주로 상권과 빌딩 가격이 형성되었다면, 'ㅇㅇ거리'라고 불리는 지역이 인기를 끌며 미래의 빌딩 가치를 판단하는 중요한 요소로 꼽히게 되었다. 그렇다면 '순간의 선택은 ㅇㅇ거리가 좌우한다!'의 주인공이 될 미래 가치가 높고 유망한 지역은 어디일까?

〈서울의 특화된 인기 거리들〉

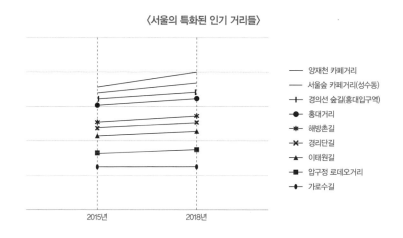

- 양재천 카페거리
- 서울숲 카페거리(성수동)
- 경의선 숲길(홍대입구역)
- 홍대거리
- 해방촌길
- 경리단길
- 이태원길
- 압구정 로데오거리
- 가로수길

2015년   2018년

바로 양재천 카페거리와 압구정 로데오거리다. 강남을 모르는 사람이나 조금 아는 사람은 뜬금없이 상권이 활발하지 않아 보이는 지역을 추천하냐며 고개를 갸우뚱할 것이다. 그렇다면 가로수길, 서울숲과 홍대 인근 지역을 생각해보자. 이 지역들이 10여 년 전에는 어떠했는가? 일반인의 시선으로 보면 그다지 좋지 않은 상권이었다. 그렇지만 지금은 그 지역의 빌딩을 그때 당시의 예산으로 구입한다는 것은 상상도 못할 일이다. 그렇다. 일반인이 상권이 좋아졌다고 생각할 시점이면 이미 늦었든지, 막차를 탔다고 생각하면 된다. 구입할 엄두가 나지 않을 정도로 이미 가격이 많이 올랐을 것이다.

부자 동네의 소외된 지역을 공략하라

훌륭한 부동산 재테크란 적은 예산으로 빠르고 큰 효과를 보는 것이다. 그렇다면 어떤 지역의 빌딩을 사야 할까? 누구나 알 만한 부자 동네의 소외된 지역을 공략해야 한다. 예를 들어 강남구 중에서 가장 소외된 지역이 어디인지, 서초구에서 소외된 동네는 어디인지, 송파구는 어떤지 살펴야 한다. 강남구, 서초구, 송파구 같은 부자 동네의 변두리를 유심히 살펴보면 눈에 들어오는 지역이 있을 것이다. 물론 지금 그곳은 유동인구도 적으며 상권이 형성되지 않고 주택들만 모여 있어서 '아니 이런 곳의 빌딩을 구입하면 제대로 임대나 되겠어?'라고 느낄 수 있다. 그런데 그런 안목 때문에 지금까지 빌딩을 한 채도 소유하지 못하고, 별 볼일 없는 지역의 부동산 상품에 투자했는지도 모른다.

강남구에서도 개포동 일대, 서초구의 양재동 일대, 경기권에서는 성남시 복정역 인근 지역을 반드시 눈여겨봐야 한다. 특히 복정역 인근은 행정구역상 성남시지만 서울시 송파구와 바로 붙어 있기 때문에 성남시의 부동산 가격으로 서울시 송파구 빌딩을 구입한 효과를 얻을 수 있다는 장점을 갖춘 곳이다. 이렇듯 비싼 지역의 소외된 곳에 자리한 면적이 넓은 건물을 구입하는 것이 중요하다. 그 위치의 땅은 절대 우리를 배반하지 않을 것이다.

양재천 카페거리는 개포동 주공아파트 재건축, 신분당선 연장 등의 호재로 발전 가능성이 크다. 압구정 로데오거리 역시 현대아파트와 한양아파트의 재건축 움직임으로 다시 한 번 호황을 누릴 가능성이 높다.

2. 강남 3구 그들만의 리그
고액 연봉 직장인이 밀집한 지역의 빌딩을 사라

고소득자들이 일하고 거주하는 강남 3구

누구나 좋은 직장을 꿈꾸고 높은 연봉을 희망한다. 같은 학교를 함께 졸업하고도 누구는 높은 연봉을 받으며 좋은 직장에 다니고, 누구는 미래가 불확실한 직장에서 평균 이하의 연봉을 받는 것이 현실이다. 이는 부동산 투자에서도 마찬가지다. 모든 투자자가 높은 수익을 원하지만 같은 돈을 주고 산 빌딩이라도 가격 상승 폭과 수익률은 제각각이기 마련이다. 하지만 대기업이라고 해서 무조건 높은 연봉을 지급하는 것은 아니다.

부동산 투자에서는 대기업과 우량 업체(IT 기업, 연예기획사, 고급 음식점, 유명 헤어숍, 웨딩업체, 스튜디오, 홈쇼핑 회사 등)를 구별해 평가해야 한다. 우량 업체가 밀집한 지역은 빌딩 가격이 안정되어 있을 확률이 상당히 높고, 임대용 빌딩에서 가장 주의해야 할 공실 리스크나 세입자 임대료 연체가 발생할 확률이 낮다. 매출이 높기 때문에 임대료 인상 등에 크게 신경을 쓰지 않기 때문이다. 반면 대기업이 들어선 지역은 기업 전체가 이전을 하는 경우 공실이 발생할 위험이 있다.

또한 높은 연봉을 받는 직장인이 밀집한 지역을 선택해야 한다. 그 이유는 고소득자의 소비성 지출이 일반인보다 높기 때문이다. 한 금융기관에서 조사한 재미있는 통계 자료가 있다. 고소득자일수록 강남 3구에 거주하는 비율이 높으며, 강남 소재 기업에서 높은 연봉을 받는 직장인의 35% 또한 강남 3구에 거주한다는 내용이다. 특히 서울시 자영업자 월평균 소득은 172만 원인데 반해 강남구 자영업자 월평균 소득은 298만 원, 서초구는 240만 원으로 나타났다.

그럼 전문 경영인이나 부자는 어느 지역에 많이 살고 있을까? 그곳 또한 바로 강남 3구. 이 지역에 사는 사람들의 성품, 능력, 사회 공헌도 등 개인적인 평가는 굳이 할 필요가 없다고 생각한다. 성품이 바르지 못한 사람이 부자가 되었다며 배 아파 하고 질투하는 것이 과연 나에게 무슨 도움이 되겠는가. 오히려 그들이 어떤 방법으로 부자가 되었는지, 부자들은 왜 그 지역에 살고 있는지 분석해 나도 부자 반열에 오를 수 있는 방법을 찾는 것이 현명하다.

서초구 양재동과 강남구 개포동 빌딩에 주목하라

현장에서 일하다 보면 '세습'이라는 말을 자주 하게 된다. 그만큼 부의 세습이 당연하게 여겨지고 있다. 강남 3구의 부동산 가격을 잡을 방법은 단 하나라고 생각한다. 바로 현재 강남 지역의 소위 명문 학교를 지방 혹은 다른 지역으로 이전하는 것이다. 그러나 과연 현실적으로 가능할까? 정치인을 시작으로 고위 공직자 자녀들은 거의 다 강남 3구에서 학교를 다니고 있고, 안타깝지만 이 지역 출신 자녀들이 다른 지역 출신 자녀들보다 성공할 확률이 훨씬 높다는 점은 현실이다.

가난한 할아버지가 부동산 가격이 오르는 지역에 터전을 잡고 살다가 사업은 사업대로 잘되고 땅값은 땅값대로 올라 자녀를 부자로 키우고, 더 나아가 손주들까지 학군 좋은 지역에서 학교를 다니고 명문 대학까지 졸업해 좋은 직장을 얻었다. 이렇듯 할아버지와 아버지, 즉 세습의 전형인

조상을 잘 만나 그다지 능력이 뛰어나지도 않은 후손이 상상을 초월한 부를 물려받는 현실을 너무나 많이 목격했다. 성품이 바르지 않은 못된 부자들이라고 욕만 하지 말고, 나도 부자가 될 수 있다는 생각으로 배울 것은 배워야 한다.

강남은 나에게 먼 곳이라고만 생각하지 말고 소액으로 투자할 수 있는 방법을 연구해야 한다. 소액으로 강남에 빌딩을 마련하려면 서초구 양재동, 강남구 개포동을 눈여겨봐야 한다. 개포동은 전체 지역의 80% 이상이 아파트이고 상가나 업무용 빌딩이 차지한 면적은 20% 정도로 좁은 편. 그렇지만 2020년 입주를 앞두고 있는 개포래미안포레스트 2,296세대, 래미안블레스티지 1,957세대, 재건축 전인 주공1단지가 5,040세대에 달할 정도인 만큼 앞으로 발전 가능성이 큰 지역이다. 개포동 주공아파트 재건축이 마무리되고 입주까지 끝내는 시점에는 강남 지역에서도 보기 드문 빌딩 가격 상승 지역으로 재탄생할 것으로 보인다.

양재동 · 개포동 일대를 눈여겨봐야 하는 가장 큰 이유는 따로 있다. 바로 '양재 R&CD 특구' 조성 계획이다. 서초구 양재 · 우면동과 강남구 개포동 등 양재IC 일대 380만㎡를 특구로 지정해 4차 산업혁명의 중심지로 만들겠다는 '양재 R&CD 특구'는 서울시와 서초구, 강남구가 함께 추진하고 있다. 현재는 연이은 부동산 대책과 강남 · 북 균형 발전 정책에 밀려 특구 지정 보완 작업이 속도를 내지 못하고 있지만, 시간과의 싸움일 뿐 특구 지정이 완료되고 본격적으로 개발이 된다면 이 지역 일대에 빌딩 부자들이 속출할 것으로 보고 있다.

앞으로 부의 세습은 더욱 심화될 것이고, 강남 3구의 그들만의 리그는 더욱 치열해질 것이다 자녀에게 좀 더 윤택한 삶을 물려주고 싶다면 이제부터 부동산 투자 지역 선택에 더욱 신중을 기하기를 바란다.

3. 값싼 비지떡 빌딩은 피하라
지가 상승 폭이 크고
거래율이 높은 지역을 공략하라

지가 상승과 거래가 활발한 지역의 우량 빌딩을 사라

빌딩을 사려는 사람들 대부분의 희망 사항이자 가장 먼저 하는 말은 "싸게 나온 빌딩을 추천해주세요"다. 결론부터 말하면 빌딩도 '싼 게 비지떡'일 확률이 아주 높다. 누구나 싸게 사서 비싸게 팔고 싶은 마음은 같다. 애석한 일은 부동산 가격이 싸게 형성될 수밖에 없는 지역이어서 싼 빌딩이 매물로 나오는 경우가 많다는 것이다. 그 사실을 무시하고 도둑(?) 심보로 투자할 생각을 하니 성공 확률이 낮을 수밖에 없다.

그렇다면 어떤 빌딩을 사야 할까? 우량 빌딩이란 그 지역의 땅값과 부동산 거래율이 함께 상승할 때 자연스럽게 만들어진다. 아래의 지도를 보면 어느 지역이 빌딩 거래가 활발했는지 알 수 있을 것이다.

〈2018년 4분기 서울시 빌딩 거래량〉

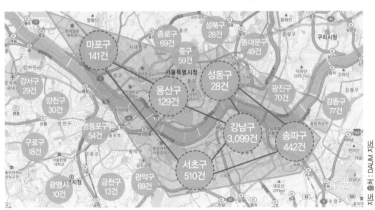

지도 출처 : DAUM 지도

빌딩 거래량을 보면 강남구 3,099건, 서초구 510건, 송파구 442건, 마포구 141건, 용산구 129건 순이다. 어느 지역을 치켜세우거나 다른 지역을 폄하하려는 의도가 아니라, 현실적인 통계를 보여주는 것이다. 그렇다고 해서 현재 살고 있는 지역이나 소유하고 있는 빌딩 위치가 좋지 않다고 한탄만 해서는 안 된다. 미래 가치가 없거나 자산 가치 상승을 기대하기 어려워 보이는 빌딩은 과감하게 팔고 가격 상승이 예상되는 지역으로 갈아탈 필요가 있다고 본다.

어떤 지역의 부동산을 구입해야 좋을지 물어보는 사람들에게 나는 이렇게 대답한다. "바로 명품 한우의 살치살 같은 지역에 위치한 건물을 구입해야 한다"고. 무작정 넓은 면적의 건물을 구입하겠다는 열망이 실패의 지름길로 안내하는 역할을 한다고 생각하면 된다.

명품 지역은 노후한 건물이라도 비싸게 팔리고 수요도 많다. 일반적인 시각으로는 이해하기 어려울 수도 있다. 이제는 싼 맛에 싼 지역의 빌딩을 구입해 애물단지로 만들지 말고, 명품 한우의 살치살처럼 비록 면적이 좁더라도 수요가 많은 지역의 빌딩을 어떻게 구입할지 연구하는 것이 편안한 노후를 보장하는 빌딩 재테크의 지름길이라고 할 수 있다.

4. 복권도 사고 빌딩도 사라
복권 당첨 확률보다 건물주 될 확률이 5만 배 높다

복권 당첨 확률 0.00001% vs. 건물주 될 확률 0.5%

주변 사람들과 이야기를 나누다 보면 "이번 생에는 결코 빌딩 주인이 될수 없다. 다음 생을 기약하자"고 말하는 사람이 참으로 많다. 그런데 더 재미있는 사실은 이들 중 대다수가 인생 역전을 꿈꾸며 매주 꼬박꼬박 로또복권을 1만 원 이상씩 구입한다는 것이다. 즉 빌딩 주인은 꿈도 못 꾸지만복권 당첨이라는 허황된 꿈은 마치 현실이 될 것처럼 생각하는 사람이 많다는 이야기다.

한 연구 기관의 조사 결과에 따르면 복권에 당첨될 확률은 0.00001%, 번개에 맞을 확률은 0.0002%라고 한다. 그렇다면 빌딩 주인이 될 확률은 얼마일까? 놀라지 마시라. 무려 0.5%다. 번개에 맞을 확률보다 2,500배나 높고, 복권 당첨 확률보다는 자그마치 5만 배나 높다. 대한민국 인구5,000만 명을 기준으로 10억 원대 자산가는 25만여 명으로 추정된다. 즉전체 인구 중 약 0.5%가 10억 원대 자산가다. 이는 빌딩 주인이 될 확률이약 0.5%라는 의미이기도 하다. 과연 빌딩 주인과 복권 당첨 중 어떤 꿈이허황될까? 왜 빌딩 주인이 될 수 있다는 꿈을 쉽게 저버리려 하는지 알다가도 모를 일이다. 부동산 재테크야말로 가장 빠른 자산 증식 방법 중 하나인데, 당첨 확률이 거의 제로에 가까운 로또 복권을 구입해 인생 역전할생각만 하고 있으니 답답할 따름이다. 게다가 성실하게 종잣돈을 모으고 부동산 재테크를 연구하는 사람과 정말 운 좋게 복권에 당첨된 사람의 미래 자산 관리 능력이 같지는 않을 것이다.

실제 복권 당첨자가 개포동 상가주택을 15억 원에 구입한 사연
실제 복권을 구입해 팔자가 바뀐 지인이 한 명 있다. 9년 전 한 후배의 친형은 운 좋게도 로또 복권 1등에 당첨되어 세금을 공제하고도 12억여 원의 큰돈을 수령했다. 그러나 이후 부부가 서로 의견이 달라 심각한 가정불화를 겪었다. 남편은 서울시 도봉구 도봉동 달동네에서 반전세(월세)를 살고 있는 부모님께 편하게 거주할 수 있는 전셋집을 마련해주자고 했고, 아내는 창업을 고민하고 있는 친정 남동생에게 돈을 빌려주자고 주장했다. 두 사람이 서로 고집만 부리는 통에 이혼하기 일보 직전의 상황까지 가게 되었고, 결국 후배의 요청으로 내가 상담을 해주었다.
   〈부부의 고민〉
   ① 남편 : 부모님이 편하게 사실 수 있는 집을 마련해드리자
   ② 아내 : 남동생이 장사를 할 수 있도록 창업 자금(임대 보증금,
   인테리어 비용)을 지원해주자
   ③ 부부 공통 고민 : 현재 전셋집에서 살고 있는데 집을 사야 할까,
   말아야 할까?

부부가 원하는 대로 돈을 사용하면 아무 문제가 없을까? 이 경우 세 가지 고민 각각에 모두 돈을 사용한다면 부부의 미래는 뻔하다. 그래서 나는 이 모든 고민을 한꺼번에 해결할 수 있는 방법을 제시했다. 그것은 바로 상가주택(꼬마빌딩)을 구입하는 것.
   서울시 강남구 개포동은 9년 전만 해도 강남에서 상당히 소외되고 외진

지역으로 평가받았다. 부부는 이곳에 지하 1층에서 지상 4층 규모의 상가주택을 구입해 지금까지 아주 행복하게 잘 지내고 있다. 이 부부가 구입한 개포동 상가주택을 분석해보자.

소재지	서울시 강남구 개포동
대지 면적	약 230㎡
총면적	약 550㎡
준공일	1996년 3월 8일
매매가	15억 원
대출금	5억 원
소유권 이전 비용	7,200만 원
전체 보증금	8,000만 원
월 임대료	220만 원
실투자금	9억9,200만 원

9년 후 31억 원 상가주택에서 화목한 가족

남편의 부모님은 9년째 개포동 상가주택 3층에 살고 계신다. 옥상 텃밭을 가꾸는 재미에 푹 빠져 행복하게 지내는 중이다. 아내의 남동생에게는 9년 전 보증금 없이 상가주택의 1층에 식당을 내주었다. 그때부터 장사를 시작해 지금은 오히려 보증금 5,000만 원을 내고 성공적으로 식당을 운영하고 있는 상태다. 부부는 따로 집을 사지 않고 현재 상가주택 4층에서 살고 있다. 구입할 당시 대출받은 5억 원의 이자는 지하 1층 노래방, 지상 2층 사무실에서 나오는 월 임대료로 충당하다가 현재는 대출금을 다 갚은 상태다. 9년 전 복권 당첨금 12억 원 중 10억 원 정도를 투자해 개포동 상가주택을 구입하며 부부의 고민을 모두 해결했고, 당시 전셋집에서 돌려받은 보증금 1억8,000만 원은 남은 복권 당첨금과 함께 현금 자산으로 보관하고 있다.

그렇다면 강남구 개포동 상가주택의 상황은 9년 전과 비교해 어떻게 달라졌을까?

〈9년 전〉

① 강남에서도 낙후된 동네(주공아파트촌)

② 편의 시설 및 교육 시설 부족

③ 대중교통 불편

④ 상권이 없는 지역으로 평가

〈현재〉

① 개포동 주공아파트는 재건축 분양 당첨만으로 2억 원 이상
차익이 가능해 '로또 아파트'로 불림

② 대치동과 가까워 8학군으로 평가받고 있는 지역

③ 지하철 3호선, 분당선, 신분당선, SRT 수서역 등 대중교통의 요충지

④ 서울시 개포동·양재동 R&CD 발표

이쯤 되면 이 상가주택의 현재 시세가 궁금할 것이다. 인근의 매매 사례를 토대로 살펴보면 아무리 적게 잡아도 33억 원(3.3㎡당 4,784만 원×대지 228㎡)은 족히 넘는다고 볼 수 있다. 매매가 15억 원의 개포동 상가주택을 실제 투자금 10억 원으로 구입해 현재 33억 원이 넘으니 9년 만에 시세 차익이 두 배 넘게 발생한 것이다. 매우 성공적인 부동산 투자라고 할 수 있겠다.

그 당시 부모님 전셋집을 얻어드리고, 처남의 창업 자금도 빌려주고, 미래 가치가 없는 곳에 부부의 집까지 마련했다면 지금 과연 이렇게 되었을까? 이 책을 읽고 있는 독자들의 상상에 맡기겠다.

5. 남들이 보지 못하는 것을 보면 대박
지구단위 해제로 3년 만에 41억 원 수익 창출

지구단위계획 구역 내의 역세권 노후 빌딩

이번에는 서울시 마포구 서교동(지하철 2호선 합정역 1분 거리)에 위치한 지하 1층~지상 2층(음식점) 규모의 노후 건물에 대해 이야기하려고 한다. 지구단위계획에 포함되어 개발이 제한되었던 건물이 지구단위가 해제되면서 구입한 지 3년 만에 41억5,000만 원을 더 받고 매매한 사례다.

일반적으로 지하철 역세권 코너의 노후 건물이 부동산 시장에 나오면 눈 깜짝할 사이에 매매가 되는 편이다. 빌딩을 구입하려는 사람들이 역세권에 위치한 빌딩을 선호하는 이유는 무엇일까? 공실 걱정 없고, 임대 수요가 꾸준할 것으로 예상하기 때문이다. 그런데 서교동의 노후 빌딩에 대해서는 모두 부정적이었다. 그 이유는 바로 지구단위계획이라는 규제 때문에 단독으로 신축을 할 수 없었기 때문이다. 많은 사람이 군침만 흘리는 정도로 끝나는 물건이었다. 합정역이 도보로 1분 거리에다 바로 옆에는 YG 사옥이 자리한 최고의 위치인데도 불구하고 말이다. 얼마나 좋은 위치인지 지도로 확인해보자.

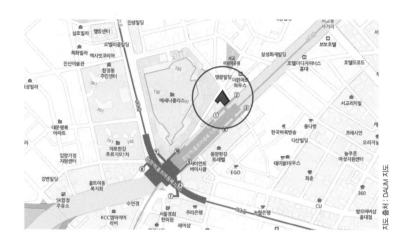

아래 표는 빌딩 전문가로서 내린 이 빌딩의 가치 평가다.

〈빌딩 평가 보고서〉

지하철	지하철 2호선×6호선 더블 역세권	★★★★★
도로 여건	양화로×양화로7길 양면 도로 접함	★★★★★
도로 폭	50m×8m 코너 도로 접함	★★★★★
입지 여건	617세대 아파트 입구(세대 수 적음)	★★★★
교통편	올림픽대로×강변북로 진출로 입구	★★★★★
가격	시세보다 1/2 저렴함	★★★★★
임차인	임차인(세입자) 명도 부담	★★★★
지구단위	단독 개발 불가	★
용도지역	상업지역(업종 제한 없음)	★★★★★
별 획득 수		39개(45개 만점)

해당 건물은 별 45개 만점에 무려 39개로 특 A급 물건이라고 평가할 수 있다. 가장 큰 단점 하나는 바로 '획지선'으로 묶여 있다는 것. 한마디로 지구단위계획 구역에 포함되어 있어 단독 개발 행위가 불가되는 것이다.

다음 그림을 통해 자세히 알아보도록 하자.

지도 출처 : NAVER 지도

해당 건물은 빨간색(Ⓐ)으로 바로 옆 파란색(Ⓑ)과 함께 공동 개발을 하라고 묶어놓았다. 그러니 많은 사람이 위치가 마음에 들어 구입하고 싶어도 영원히 신축을 하지 못할까 봐 구입을 망설였던 것이다. 결국 건물은 시세보다 1/2 저렴한 가격으로 부동산 시장에 매물로 나온 상태였다. 그런데 2015년 1월 20일 93억5,000만 원에 매매계약이 체결되어, 3월 13일 잔금 지급과 동시에 소유권이 이전되었다. 더욱 놀라운 일은 소유권 이전이 완료되고 바로 5개월 뒤인 2015년 8월 6일, 서울시가 '합정재정비촉진계획 변경'을 고시한 것이다. '획지선'이 분리되어 이제는 당당히 단독 개발이 가능하다는 내용이었다.

서울시보 제3305호 · 서울특별시 · 2015. 8. 6.(목)

나. 가구 및 획지에 관한 결정조서

구분	가구번호	위치	면적(㎡)	계획내용	비고
기정	GC-1	서교동 393-1, 393-3, 393-4, 393-21	1,026.6	획지선 지정	
기정	GC-1	서교동 393-5, 393-12	682.4	획지선 지정	
변경	GC-1	서교동 393-1, 393-3	495.6	획지선 지정	획지선 변경
변경	GC-1	서교동 393-4	531.0	획지선 지정	
변경	GC-1	서교동 393-5, 393-12	682.4	획지선 지정	변경없음

※ GC-1(기정) : 서교동 393-1, 393-3, 393-4, 393-21 중 393-21은 삭제되어 없음

다. 건축물에 관한 결정조서 : 변경없음
1) 건축물 용도계획
2) 건축물 개발밀도 계획

그런데 여기서 더 흥미진진한 상황이 벌어졌다. 해당 건물이 또다시 매매가 된 것이다.

매매 동향				
매매가	93억5,000만 원		매매가	135억 원
매매 일자	2015년 3월 13일		매매 일자	2018년 2월 22일
보유 기간	36개월	⇒		
월 가격 상승분	1억1,527만 원		시세 차익금은 양도소득세, 소유권 이전 비용 포함	
연 가격 상승분	13억8,333만 원			
전체 시세 차익	41억5,000만 원			

최대 용적률 800% 건축하면 300억 원 가치

한마디로 구입한 지 3년 만에 건물 가격이 41억5,000만 원이 상승한 것이다. 월별로 나누면 1개월에 1억5,000만 원 이상씩 올랐으며, 1년에 14억 원 가까이 올랐다는 결론이 나온다. 이 수치만 보면 안목이 대단히 뛰어난 사람이 엄청난 시세 차익을 거두었다고 생각할 것이다.

그런데 여기서 더욱 중요한 것이 있다. 그것은 바로 투자금의 2~3배 수익을 더 거둘 방법을 간과했다는 것이다. 이곳에 빌딩을 신축했다면 인생 대역전의 기회가 생길 수 있었다. 이곳은 일반상업지역으로 최대 용적률 800% 건축이 가능하다. 그렇다면 지하 2층~지상 15층 건물을 신축할 수 있다는 결론이 나온다.

만약 신축을 한다고 가정하면 예상 투자 비용은 다음과 같다.

예상 신축 비용	
건물 매입 금액	93억5,000만 원
대지 면적	약 495㎡
신축 가능 면적	약 3,580㎡
건물 층수	지하 2층~지상 17층
공사 및 설계 비용	57억 원
전체 보증금	20억 원
월 임대료	1억3,000만 원
대출금	90억 원
실투자금	40억5,000만 원

　위와 같은 신축 빌딩의 부동산 시장 가격을 평가하면, 지하철 더블 역세권의 대로변 코너에 위치했다고 가정할 때 매매 가능 금액은 280~300억 원 정도다. 실제 40억5,000만 원을 투자한 빌딩을 280~300억 원에 판다면 어마어마한 시세 차익을 남기는 것이다. 하지만 매달 꼬박꼬박 약 1억 3,000만 원의 임대료가 나올 테니 누구든 팔기보다는 계속 소유할 것이다.

　참고로 현재 이곳에는 지하 2층~지상 17층 빌딩이 들어섰다.

지구단위로 대박 투자 노려라!

지구단위계획이란 도시 계획을 수립하는 지역 가운데 일부 지역의 토지 이용을 보다 합리화하고 그 기능을 증진시키며 미관의 개선 및 양호한 환경의 확보 및 그 지역을 체계적이고 계획적으로 관리하기 위해 수립하는 도시 관리 계획을 말한다(서울시 도시계획 용어사전 참고). 지구단위계획에 포함된 지역에 건물을 신축하려면 먼저 승인을 받아야 하는데 지역마다 다양한 제한이 따른다. 예를 들면 신축 제한, 층수 제한, 고도 제한, 용도 제한 등이 있다. 정해진 규정에 맞아야만 건축 허가를 내준다고 보면 된다. 지구단위계획은 지구단위계획 구역이나 정비사업 구역 등을 대상으로 계획 수립 시점으로부터 10년 내외의 기간 동안에 나타날 여건 변화를 고려하여 해당 구역과 주변의 미래상을 설정하고 이를 구체적으로 표현한다. 쉽게 설명하면 한 필지만 개발하면 소형 건물밖에 신축할 수 없지만 옆에 있는 여러 필지와 함께 빌딩을 신축하면 대형 빌딩을 개발할 수 있고, 거리 또한 정비가 될 수 있다는 취지로 만든 법적 제도라고 할 수 있다. 도시의 경관과 환경을 개선하고 토지 기능을 증진시키기 위해 만든 제도라고 생각하면 된다

투자를 위해서는 우선 지구단위계획에 묶여 있어 당장은 신축할 수 없어도, 언젠가는 지구단위 건축 규제가 풀릴 곳인지 아닌지 판단해야 한다. 만약에 위치가 초역세권의 상업지역, 게다가 시세보다 20~30% 저렴한 급매 부동산이라면 구입을 긍정적으로 검토할 필요가 있다. 만일 지구단위계획 구역 내의 건물을 구입한 뒤 제한이 풀린다면 대박 투자가 될 것이다.

예) 지도에 나오는 빌딩 신축을 계획하고 있는데, 지구단위계획 구역(45-8, 9, 11, 12, 14, 25, 13 총 7필지)으로 별표가 표시된 8번지 건물을 구입하기가

조금 꺼려지는 상황이다. 8번지는 7차선과 6차선이 교차하는 사거리 코너에 양면 횡단보도를 끼고 있는 상태다. 만일 45-8 지구단위가 해제되면 지하 2층~지상 17층 규모의 건물 신축이 가능하다. 이렇게만 된다면 건물 가격이 몇 배 상승한다는 것을 어렵지 않게 예측할 수 있다.

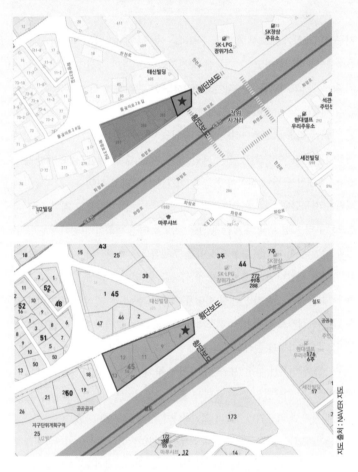

지도 출처 : NAVER 지도

PART 3

돈 되는 빌딩
구입 실전 노하우

1. 착한 빌딩 vs. 나쁜 빌딩
수익률이 높다고 다 좋은 빌딩은 아니다

착한 빌딩과 나쁜 빌딩의 조건

빌딩이면 무조건 다 좋지, 사람도 아닌데 착한 빌딩, 나쁜 빌딩이 따로 있나 싶을 것이다. 하지만 빌딩 소유자들이 알지 못할 뿐이지, 사실 착한 빌딩과 나쁜 빌딩은 존재한다.

그럼 먼저 '나쁜 빌딩'에 대해 알아보자

1. 가격이 1년에 5% 이상 오르지 않는 빌딩
2. 임차인이 임대료 변동 없이 오래 사용하고 있는 빌딩
3. 건물주가 월 임대료 및 계약 만기일을 외우지 못하고 있는 빌딩
4. 건물주가 임차인이 나간다고 할까 봐 걱정하는 빌딩
5. 건물주가 간판이 몇 개 걸려 있는지 모르는 빌딩
6. 건물주가 임차 업종이 빌딩 가치를 올리는지 하락시키는지
모르는 빌딩
7. 1년에 2회 이상 수리해야 하는 빌딩
8. 공실이 전체의 30% 이상 지속되는 빌딩
9. 4m 이하 도로를 접한 빌딩

10. 준공한 지 20년이 넘은 빌딩

11. 주변에 더 높은 건물이 별로 없는 빌딩

12. 토지 가격 외 건물 가격을 추가로 계산해서 구입한 빌딩

13. 구입 당시보다 수익률이 떨어진 빌딩

반대로 '착한 빌딩'이란 어떤 빌딩일까?

1. 가격이 1년에 5% 이상 오르는 빌딩

단순한 것이 가장 아름답고 좋은 법이다. 착한 빌딩의 조건으로 다른 것은 필요 없다고 생각한다. 공실이 일부 생기든, 건물이 오래됐든, 세입자가 누구든 간에 본인이 구입한 빌딩의 가격 상승 폭이 1년에 최소 5% 이상이면 가장 우량한 빌딩, 즉 착한 빌딩이라고 볼 수 있다.

내가 빌딩을 구입하려는 사람들에게 자주 하는 질문이 있다. 바로 '수익률이 높은 빌딩을 사고 싶은지, 아니면 수익률이 낮은 빌딩을 사고 싶은지'에 관한 질문이다. 99% 이상이 다음 그림의 ①번처럼 수익률 높은 빌딩이 좋은 빌딩이고, 꼭 그런 빌딩을 사고 싶다고 답한다.

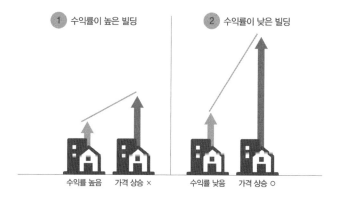

수익률로 빌딩 평가는 금물

먼저 수익률에 대해 알아보자. 부동산 수익률은 소득 수익률과 자본 수익률로 나누어볼 수 있다. 쉽게 말해 소득 수익률은 임대료 등에서 발생하는 수익을 나타내며, 자본 수익률은 부동산의 매매 차익에 따른 이익을 말한다. 그런데 대개 부동산 수익률이라고 하면 소득 수익률을 일컫는다. 그렇다면 수익률이 높은 빌딩과 낮은 빌딩의 차이를 알아보자.

일반적으로 수익률이 높다는 것은 빌딩 가격은 오르지 않고 월 임대료만 상승한 경우일 수도 있다. 반대로 수익률이 낮다는 것은 빌딩 가격이 오르는 만큼 월 임대료가 오르지 못한다는 의미다.

예를 들어 대지의 3.3㎡당 가격이 3,000만 원일 당시 1층 음식점 세입자와 보증금 2,000만 원에 월 임대료 200만 원의 임대차 계약을 체결했다. 2~3년이 지나서 대지 3.3㎡당 가격이 5,000만 원으로 올랐다고 해서 세입자에게 임대료를 50~60% 올려달라고 할 수 있는가?

만일 그렇게 요구하면 세입자는 재계약을 포기하고 나갈 것이다. 임대료를 매월 200만 원씩 내며 식사 1인분에 6,000원씩을 받고 팔았는데, 임대료가 50~60% 올랐다고 밥값을 8,000~9,000원 받을 수는 없는 일이니 떠날 수밖에 없는 것이다. 결국 빌딩 가격 상승 폭만큼 월 임대료를 올리지 못하기 때문에 수익률이 낮은 것이다.

그럼 반대로 ①번의 수익률이 높은 빌딩을 평가해보자. 당신이 빌딩 주인이라면 수익률 높은 빌딩을 과연 시세에 팔겠는가, 아니면 시세보다 조금 더 받고 팔겠는가? 아마도 당연히 시세보다 조금 더 받고 팔기를 희망할 것이다. 그러다 매매 적기를 놓치기 십상이다. 또한 수익률이 높은 빌딩은 세입자들이 임대료가 부담된다는 등의 이유로 퇴실해 공실이 생길수도 있다. 결국 수익률이 떨어져 자연스럽게 '나쁜 빌딩'이 된다. 즉 수익률만 믿고 빌딩을 평가하면 낭패할 수 있다는 것이다.

빌딩 타짜에게 속지 마라

현명하고 착한 빌딩의 주인이 되는 비법은 수익률이 낮은 ②번 빌딩을 구입하는 것이다. 수익률이 낮은 빌딩은 급매로 나오는 경우가 많다. 급매로 시세보다 싸게 나온 빌딩을 구입해 임대만 잘하면 빌딩 가치는 자연스럽게 상승한다.

그런데 여기서 조심해야 할 것이 하나 있다. 이런 틈새시장을 노린 빌딩 타짜들이 기승을 부린다는 것. 빌딩 타짜들이란 노후되고 수익률이 낮은 빌딩 주인에게 접근해 잔금을 빨리 준다는 조건을 제시하며 시세보다 싸게 산 후 간단히 리모델링을 해 화려한 업종의 세입자들을 입점시키고 시세보다 높은 가격에 되파는 업자들을 일컫는 말이다. 높은 수익률을 원하는 사람들, 즉 ①번을 선택한 사람들이 이런 타짜들에게 걸려들 확률이 높다. ②번을 선택하는 사람들은 대체로 수익률보다 빌딩 가치 상승이 중요하다는 것을 알고 있기 때문에 타짜들에 의해 기획된 상품에 걸려들지 않는다.

비록 수익률은 낮아도 가격이 꾸준히 상승할 만한 지역의 빌딩을 노크할 필요가 있다. 그러기 위해서는 부자들이 많이 살고, 부자들이 주로 활동하는 지역을 찾아야 한다.

2. 친구도 믿으면 안 되는 부동산 거래
빌딩 시세 제대로 알고 구입하라

친구 말만 믿고 시세보다 비싸게 산 다가구주택

주변의 지인을 믿고 시세를 제대로 알아보지도 않은 채 급하게 부동산을 구입했다가 낭패를 봤다고 하소연하는 사람을 자주 본다. 4년 전 상담을 의뢰해온 한 부부의 경우다. 남편의 30년 지기 친구가 경기도 과천에서 공인중개사 사무소를 운영하며 안양시 인덕원에 있는 다가구주택을 추천해주었다. 친한 친구이니 가격을 오죽 잘 흥정해줬겠는가 싶었다. 친구의 말을 철석같이 믿고 노후 대비를 위해 은행에서 13억 원을 대출받아 인덕원 다가구주택을 구입했다.

그런데 주변 같은 조건의 다가구주택 시세는 9억 원 정도였다. 부부는 이런 사실을 알고 나서 관할법원에 민사소송을 제기하는 동시에 친구를 사기죄로 경찰에 고소했다. 2년 넘는 법정 공방 끝에 남편의 친구인 공인중개사에게는 과실이 없는 것으로 판결이 났다. 그리고 경찰 고소건 역시 사기 혐의 없음으로 결론이 났다. 법원과 경찰은 당사자가 시세를 제대로 알아보지 않은 책임이 더 크다고 본 것이다.

이들 부부는 시세 약 9억 원짜리 다가구주택을 13억 원에 구입하며 손해 본 4억 원에 2년 동안 재판하느라 들인 변호사 수임료와 시간, 스트레스까지 감안하면 매우 크나큰 손실을 입은 셈이다. 차라리 13억 원을 그대로 가지고 있는 게 나을 뻔했다. 노후 준비를 목적으로 다가구주택에 투자했다가 30년 넘게 열심히 모은 돈 중 5억 원 이상을 고스란히 잃었다. 이 부부가 몇 분만 투자해 시세 정보를 확인했다면 이런 피눈물 흘리는 일은 막을 수 있었을 것이라 생각하니 또 한 번 마음이 짠하다.

빌딩 매매 시세 프로그램으로 시세 확인 필수

국내 부동산 가격 동향을 한눈에 확인할 수 있는 포털 사이트를 여러 업체에서 운영한다. 특히 아파트, 오피스텔 등의 매매·전세·월세 가격에 대한 정보가 상세히 나와 있다. 국민은행에서 제공하는 부동산 정보는 시세, 거래일, 층수, 내부 구조 등 상세 내용이 깔끔하고 정확하게 정리되어 부동산 시장에서도 공신력을 인정받고 있다.

그런데 아파트나 오피스텔보다 매매 금액이 크기 때문에 더욱 정확한 데이터베이스가 필요한 빌딩과 관련한 정보는 받아보기 어려워 아쉬웠다. 구입하려는 부동산 주인이 누구인지, 마지막으로 언제 매매되었는지, 주변 건물들은 얼마에 거래되는지 등을 알고, 사고 싶은 빌딩 시세를 분석해 계약 여부를 결정하면 사기를 당하거나 뒤통수 맞는 일은 없을 텐데 말이다. 그래서 미스빌딩연구소가 8년 넘게 준비해 누구나 무료로 손쉽게 빌딩 관련 정보를 볼 수 있는 빌딩 매매 시세 알파고 프로그램 '빌딩박사'(www.

kbmiso.com)개발에 성공했다.

위치, 대지 면적, 총면적을 비롯해 주변 시세는 얼마이며 매매가는 얼마인지, 또 언제 누가 구입했는지 등은 빌딩 매매에서 아주 중요한 내용이다. 이 프로그램은 단지 '빌딩을 얼마에 구입하는 것이 맞느냐 틀리느냐'를 떠나 인근 빌딩의 거래 동향을 알려준다. 특히 근래에 기업 혹은 개인 등 누가 어느 빌딩을 얼마에 구입하고 있는지를 알면 그 지역의 개발 호재 가능성 여부도 예측할 수 있다. 한마디로 많은 사람이 알토란 같은 정보를 유용하게 활용할 수 있는 프로그램이다.

3. 빌딩 구입 시 은행 대출,
이것만은 꼭 알아두자
대출 가능 금액, 신용등급, 탁상 감정에 신경 써라

타 지역에 비해 대출에 유리한 강남

내가 만난 빌딩 구매자 중에는 유난히 친구 자랑을 하는 사람이 많다. "친구가 ○○은행에 있는데 무조건 저금리로 매매 금액 최대 80~90%까지 대출해줄 테니 연락하라"고 했다는 것이다. 그런데 그 말만 믿고 철저한 자금 준비 없이 부동산 매매계약을 체결했다가 낭패를 보는 사람을 자주 목격했다. 심각한 경우에는 잔금일에 돈을 준비하지 못해 이미 지불한 10%의 계약금을 날리기도 한다. 은행에 근무하는 친구도 도의적인 잘못이 있지만 본인이 제대로 알아보지 않고 계약한 것에 대한 책임이 훨씬 크다.

빌딩을 구입하는 사람들 중 95% 이상이 은행 대출을 받는다. 그런데 은행에서 처음에 약속한 내출 금액과 금리가 최종 난계에서 바뀌는 바림에 은행 실무진과 실랑이하는 경우가 비일비재하다.

여기서 유념해야 할 대목이 있다. 그것은 바로 같은 조건의 건물일지라도 지역에 따라 대출 가능 금액이 다르다는 것이다. 쉽게 말해 강남 4구(강남구·송파구·서초구·강동구) 지역인지, 강북인지, 수도권인지, 지방인지가 그만큼 중요하다는 것이다. 다음은 지역에 따른 대출 가능 비율을 계산한 자료다.

지역에 따른 대출 가능 비율	
지역	대출 비율
강남구, 송파구, 서초구, 강동구	매매 금액의 60~70%
강남 4구를 제외한 서울시 21구	매매 금액의 40~50%
수도권	매매 금액의 35~40%
나머지 지역	매매 금액의 30~35%

대출 비율은 부동산 종류에 따라 다르며 이 자료는 일반적 빌딩의 평균치임을 참고하기 바란다. 단 유흥 시설, 고시원, 원룸, 땅 등은 대출에 제한을 받는 경우가 많은 편이다.

또 은행에서 처음에는 대출 의뢰인이 원하는 대출 금액과 금리를 맞춰주는 듯하다가 마지막 단계, 즉 잔금일이 임박한 상황에서 금리를 올리는 경우가 간혹 발생하기도 한다. 다른 은행을 이용하기에는 절차도 복잡하고 시간이 부족해 제시하는 금리대로 대출을 받을 수밖에 없다는 점을 이용하는 것이다. 그러다 보니 요즘 은행은 그저 고객의 돈을 예치받아 그 돈을 다시 고객에게 빌려주고 이자를 받는, 한마디로 나라에서 인정한 저금리 대부업체가 아닐까 하는 생각이 들 때가 있다.

담보 가치보다 더 중요한 신용등급

이제는 대출 시 담보 가치도 중요하지만 개인의 능력을 중요시하는 시대가 되어간다는 생각이 든다. 은행에서는 대출 의뢰인의 신용에 문제가 있으면 어떤 대출도 해줄 수가 없다고 못을 박는다. 그만큼 평소에 신용등급 관리에 신경을 쓰지 않으면 좋은 조건으로 대출을 받기 어렵다.

많은 사람이 자신은 은행 대출이 하나도 없고 신용카드도 자주 사용하지 않아 신용만큼은 1등급이라고 자랑을 한다. 일반적으로 개인 신용등급을 평가하는 업체의 개인 등급과 은행에서 평가하는 신용등급 기준은 조금 다르다는 점을 알아야 한다. 은행에서는 대출을 의뢰한 사람의 이력을 종합적으로 판단한다. 다시 말해서 적당한 금액의 대출을 받아 이자를 연체 없이 성실히 납부했는지, 월 신용카드 사용 금액이 얼마인지, 신용카드 결제금을 제날짜에 납부했는지, 세금 연체는 없는지 등이 그 사람의 신용등급 평가에 상당히 중요한 역할을 한다.

부동산 매매계약 전 탁상 감정을 의뢰하라

대출을 받을 때 담당 은행 직원과의 충분한 소통도 중요하지만, 먼저 대출 진행 절차에 대해 자세히 알아야 한다. 대출 절차는 다음과 같다.

　1. 탁상 감정을 받아 대출 가능 금액과 금리를 사전 예측한다.

　2. 대출 의뢰인의 부동산 매매 계약서 및 신용 정보 동의서를 받는다.

　3. 신용등급에 큰 문제가 없는지 확인한다.

　4. 대출 의뢰 담보에 대한 정식 감정을 감정 기관에 의뢰한다.

　5. 최종 대출 금액과 금리 확정 후 대출금을 집행한다.

〈탁상 감정 샘플〉

임대업(개인) 대출금 제안서

부동산 소재지	매매금액	탁상 감정액	대출 가능액	대출 기간	대출 예정 금리
역상동 000-000	30 억 원	28 억 원	14 억 원	3 년	3.1~3.4%

(2019 년 00 월 00 일 현재)

■ 위 제안 금액은 담보부동산의 유효담보가액 범위 내이며 분할상환 없는 만기일시 상환대출

■ 신용 상태 및 분할상환 가능한 금액에 따라 신용 5 억 원 포함하여 19 억 원까지 대출 금액 증액 가능합니다.

■ 00 은행 기업신용등급 BBB 미만으로 평가될 경우 대출금 취급 불가합니다. 부동산 매매 계약 前 기업신용등급 BBB 이상 평가 가능 여·부에 대하여 은행의 사전 협의가 꼭 필요합니다.

■ 위 제안서는 대출 예정 금액 및 대출 예정 금리는 대출금 취급일 현재의 00 은행 여신정책 변동, 한국은행 기준금리 변동, 담보물 감정 금액 변동, 대출 기간 변동 등에 따라 대출금 취급 제한 및 금리가 변동 될 수 있습니다.

2019 년 00 월 00 일

00 은행 00 지점 / 담당 000 지점장

탁상 감정은 말 그대로 책상에 앉아서 하는 감정이라고 보면 된다. 주로 저렴한 비용으로 부동산 시세는 물론 대출 가능 금액을 알아보기 위해 활용한다. 일반적으로 탁상 감정 가격은 시세의 70~80% 정도가 나오기 때문에 시세를 평가하는 데도 큰 도움이 된다. 특히 나중에 은행으로부터 필요한 만큼의 대출이 나오지 않아 곤란을 겪는 일이 없도록 먼저 탁상 감정을 받는 것이 바람직하다.

부동산이란 말 그대로 움직여 옮길 수 없는 재산을 말한다. 그만큼 부동산 거래는 큰돈을 주고받는 일생일대의 엄청나게 중요한 일이라고 볼 수 있다. 그렇기 때문에 매매계약 체결에 앞서 예산을 좀 더 꼼꼼히 따져보고 계약 여부를 결정해야 한다.

4. 신용등급 높고 6억 원 가진 사람 vs.
신용등급 낮고 15억 원 가진 사람
목돈 저축보다 중요한 신용 관리

은행의 높은 신용등급 조건

돈이 많고 적음을 떠나 누구나 살아가면서 한번쯤은 은행 대출을 받을 것이다. 수백억, 수십조 규모를 자랑하는 국내 100대 기업 중에서도 은행에 채무가 없는 기업은 없다. 자동차 할부 구입이나 일상에서 자주 사용하는 신용카드 역시 후불 지급 조건으로 대출을 이용하는 것과 같다. 대출은 어느덧 삶의 기본인 의식주처럼 우리 생활 깊숙이 자리 잡았다. 갑자기 대출 이야기를 시작한 것은 지난해 꼬마빌딩을 취득한 A씨와 B씨의 사례를 소개하기 위해서다. 신용 관리를 아주 잘한 6억 원을 가진 A씨와 신용 관리에 무관심했던 15억 원대를 가진 B씨. 두 사람이 빌딩 투자를 할 때 어떤 차이가 있었는지 이야기하고자 한다.

빌딩을 구입하려는 사람들 대부분은 부족한 자금을 은행에서 대출받는다. 그런데 빌딩 구입 전에 "신용등급은 어떻게 되나요?" 하고 물어보면 대부분 자신감에 넘쳐 "저는 신용등급 1등급입니다!"라고 답한다. 그런데 여기서 알아야 할 중요한 내용은 일반인이 생각하는 신용등급과 은행의 신용등급 평가 기준이 다르다는 것이다.

'일반인'이 생각하는 신용등급이 높은 사람

1. 대출이 전혀 없는 사람

2. 신용카드가 없는 사람

3. 타인의 대출 보증 사실이 없는 사람

4. 적금 통장이 많은 사람

5. 연체 사실이 없는 사람

'은행'에서 평가하는 신용등급이 높은 사람

1. 제1금융권에서 적당한 금액을 대출받은 사람

2. 대출 이자 연체 사실이 없는 사람

3. 신용카드 결제금 연체 사실이 없는 사람

4. 고정적인 소득 신고를 착실히 한 사람

5. 현재 직장에 다니는 사람

6. 나이가 많지 않은 사람

은행에서 가장 대출을 꺼리는 사람은 나이가 많고 직장이 없고, 소득 또한 없는 사람이다. 은행에서 중요시하는 신용 평가 기준은 대출을 받으려는 사람의 경력이나 이력이다. 대출을 해주었을 때 이자를 연체하지 않고 제때 납부할 수 있는지, 원금을 상환 날짜에 차질 없이 갚을 수 있는지를 중요하게 생각하기 때문에 대출 신청인의 이력을 평가하는 것이다. 이전에 대출을 받아 얼마나 성실하게 이자를 납부하고 이행했는지 증명할 이력 사항이 있어야 무리 없이 대출받을 수 있다는 의미다.

신용등급 관리로 투자금은 적게, 연 수익률은 높게

빌딩을 사면 주 거래 은행에서 무조건 대출을 많이 해줄 것이라거나, 가까운 지인 중에 은행의 고위 간부가 있으니 대출 걱정은 하지 말고 A급 빌딩이나 추천해달라고 말하는 사람이 있다. 그런데 막상 마음에 드는 빌딩을 만나 은행에 얼마나 대출이 가능한지 감정을 의뢰하면 결과는 달라진다. 대출은 해줄 수 있으나 신용등급이 너무 낮아 일반적인 대출 금액보다도 턱없이 적은 금액밖에 대출을 못 해준다는 답변을 받는 경우가 자주 발생하기 때문이다.

제1금융권의 은행 대출을 잘 활용하려면 외부 기관이 아닌 은행 자체에서 평가하는 신용등급이 높아야 한다. 흔히 일반인이 알고 있는 외부 기관에서 평가하는 신용등급만으로는 좋은 조건의 대출은 물론 대출 금액도 원하는 만큼 받기 어렵다.

구분	A씨	B씨
보유 현금	6억 원(금융 상품 및 현금)	15억 원(상속 받음)
직업	과일 유통	태권도 사범
나이	43세	56세
금융 거래	현금 및 금융 상품 투자	일반 통장 사용 중
보유 부동산	5억 원 상당 아파트 1채, 사업장 상가	3억6,000만 원 전세 아파트
현재 사업장	분양받아 사용 중	임대해 사용 중
신용카드	월 평균 900만 원 사용 중	거의 사용하지 않음
소득 신고	연 2억5,000만 원 이상	연 4,100만 원

과연 누가 신용등급 관리를 잘했을까? 바로 A씨다. 신용등급 관리를 잘한 A씨와 소홀했던 B씨가 각각 꼬마빌딩을 구입하게 되었다. 두 사람의 구입 과정이 어떻게 달랐는지 정리해보았다.

구분	A씨	B씨
매매가	25억 원	20억 원
소재지	서울시 강남구 개포동	서울시 강서구 화곡동
은행 대출	21억 원	5억 원
연 금리	2.95%	4.14%
월 대출 이자	517만 원	173만 원
월 임대료	980만 원	710만 원
연 수익률	13.91%	4.78%
월 순수익	464만 원	538만 원
보증금	1억9,000만 원	1억5,000만 원
실투자금	2억1,000만 원	13억5,000만 원

A씨는 연 금리 2.95%의 대출을 받아 실투자금 2억1,000만 원으로 연 수익률이 13.91%인 강남의 꼬마빌딩을 구입했다. 반면 B씨는 A씨보다 두 배가 넘는 현금을 보유하고 있으면서도 연 4.14%라는 높은 금리로 대출을 받고 13억5,000만 원을 투자해 연 수익률 4.78%의 꼬마빌딩을 구입했다.

빌딩 구입을 준비할 때 종잣돈을 모으는 일만큼 중요한 것이 바로 신용등급 관리다. 더구나 신용등급 관리는 하루아침에 되는 것이 아니라 오랜 시간이 필요하다. 신용등급을 얼마나 착실히 관리했느냐에 따라 빌딩을 구입할 때 대출을 얼마나 좋은 조건에 받을 수 있는지가 결정된다. 신용등급 관리! 아무리 강조해도 지나치지 않은 이유다.

5. 부동산 매매계약, 돌다리도 두드려봐라
부동산 매매계약 시 절차와 서류를 꼼꼼히 살펴라

부동산 거래자의 신분 확인은 필수

부동산 매매계약 체결 시 주의 사항에 대해서는 대부분 잘 알고 있다. 하지만 계약 절차나 서류에 문제가 없는지는 세심히 살펴보지 않는 사람이 많다. 운 좋게 별 탈 없이 넘어가기도 하지만, 사소한 부주의가 심각한 재산 피해로 이어지기도 한다. 예를 들어 3,000만 원짜리 자동차를 10% 더 주고 3,300만 원에 샀다면 재산상으로 엄청난 손실을 입었다고 보기는 어렵다. 다만 기분이 나쁘고 불쾌할 따름이다. 그렇지만 부동산 매매계약 피해는 평생 벌어둔 재산을 한 방에 날리기도 하고, 집안이 쫄딱 망할 수도 있기 때문에 반드시 사전에 예방해야 한다.

대부분의 사람이 부동산을 구입하거나 팔 때 공인중개사 사무소를 믿고 계약을 체결한다. 그러다 보니 계약 관련 모든 진행 상황과 절차를 공인중개사의 의견을 따르게 된다.

원칙적으로는 부동산을 파는 사람은 본인이 부동산 소유자 또는 위임을 받은 사람이라는 것을 서면 및 증거를 통해 밝혀야 한다. 반면 부동산을 구입하는 사람이나 위임받은 사람은 본인이 신분과 인적 사항 그리고 누구 명의로 부동산 소유권 이전을 할 것인지 밝혀야 할 의무가 있다.

매도인과 매수인이 준비해야 할 서류

그런데 부동산 매매계약에서 사기 피해나 법적 분쟁이 일어나는 경우 피해를 보는 사람은 부동산을 구입하는 사람인 경우가 98% 이상을 차지한다. 계약 당시 서류를 꼼꼼히 준비하고 상대편 서류가 정상적으로 발급받은 서류인지 확인했을 경우 추후 법적 분쟁이 생기더라도 유리한 판결을 받을 수 있다.

〈부동산 매매계약 체결 시 파는 사람(매도인)의 준비 서류〉

① 신분증(주민등록증, 운전면허증 중 한 가지 준비)

② 도장

③ 등기권리증(예전에는 집문서 혹은 땅문서라고도 불렸다)

④ 통장 사본(부동산 매매에 따른 금전 전액을 송금받을 계좌 확인)

⑤ 임대차 계약서(세입자가 있는 경우 전체 보증금 및 월세 확인)

⑥ 대출 원금 확인서(계약하는 부동산에 대출이 있는 경우 대출받은 해당 은행에서 발급)

⑦ 소유자가 직접 나오지 못하고 위임받은 자가 나왔을 경우

- 위임자 및 위임받은 자 각각의 신분증, 인감도장, 인감증명서 1통씩, 가족인 경우 가족관계증명서 1통

〈부동산 매매계약 체결 시 사는 사람(매수인)의 준비 서류〉

① 신분증(주민등록증, 운전면허증 중 한 가지 준비)

② 도장

③ 구입하는 사람이 직접 나오지 못하고 위임받은 자가 나왔을 경우

- 위임자 및 위임받은 자 각각의 신분증, 도장, 인감증명서 1통씩, 가족

인 경우 가족관계증명서 1통

서류 감정 통해 계약 관련 서류 진위 여부 확인

계약 관련 서류가 완비된 상태에서 계약만 체결하면 아무 문제 없이 부동산 매매가 이루어지는 것이 아니다. 중요한 것은 지금부터 시작이다. 바로 계약 관련 서류의 진위 여부를 확인하는 절차다. 이런 절차를 서류 감정이라고 부른다. 서류를 확인하는 절차와 방법을 하나씩 설명하면 다음과 같다.

〈파는 사람(매도인) 서류 확인 절차〉

　① 신분증(주민등록증, 운전면허증) 위조 여부 확인

　☞ 주민등록증

ARS 전화, 정부24 홈페이지 혹은 스마트폰 정부24 앱에서 확인 가능

　☞ 운전면허증

도로교통공단, 경찰청 교통민원24 홈페이지에서 확인 가능

② 등기권리증(예전에는 집문서 · 땅문서라고도 불렀다.)

③ 대출 원금 확인서(대출한 은행 지점에서 확인 가능)

☞ 은행 지점 담당자와 통화 필요

④ 인감증명서(발급 번호로 진위 여부 확인)

　매매계약 서류의 진위 확인 절차는 대부분 공인중개사가 해준다. 하지
만 공인중개사에게만 맡기지 말고 본인이 직접 한 번 더 확인하는 습관을
들여야 한다. 부동산 사기 피해를 당하고 나서 누구의 과실이냐를 따져봤
자 아무 소용이 없다. 개업 공인중개사 사무소는 의무적으로 공제 가입을
하게 되어 있다. 개인 사업자인 경우 1억 원, 법인 사업자는 2억 원이다.
그러나 공인중개사 사무소 측 과실이 명백하다 해도 부동산 사기 계약 피
해금을 충당하기에는 어려운 금액이다. 한 가지 알아두어야 할 점은 가입
되어 있는 보험의 보상금은 1년 전체 금액이므로 만일 해당 공인중개사 사
무소에서 다른 건으로 이미 보상을 해준 상태라면 보상받을 수 있는 금액
은 더욱 줄어든다는 것이다. 단 몇 분의 시간을 투자해 간단히 스마트폰으
로 확인하면 엄청난 부동산 피해를 막을 수 있다는 사실을 기억하자.

6. 세입자 헤어숍 원장님 대박 난 사연
2억4,000만 원 투자로
청담동 60억 원 빌딩 주인 되다

전세 보증금으로 청담동 건물주 되기

내가 단골로 이용하는 헤어숍은 강남구 신사동(도산공원 사거리 인근)에 위치해 있다. 어느 날 헤어숍 원장이 2년마다 반복되는 고질적 문제 때문에 머리가 아프다며 하소연을 했다. 바로 지하 1층에서 지상 2층으로 이루어진 건물을 통째로 임대해 사용하고 있는데 건물 주인이 2년마다 임대료를 올리고 있어 답답하다는 하소연이었다.

헤어숍 원장 이번에도 건물주가 임대료를 올리겠다고 연락이 와서 걱정이 이만저만이 아닙니다.
종복 입주 시점부터 임대료를 얼마씩 올려주고 있습니까?
헤어숍 원장 입주한 지는 10년이 넘었고 처음에는 보증금 2억 원에 월 임대료 1,500만 원이었는데, 지금은 보증금 5억5,000만 원에 매달 2,100만 원의 임대료를 내고 있어요.

계약일	보증금	월 임대료
2005년(최초 입주)	2억 원	1,500만 원
2007년(계약 갱신)	2억5,000만 원	1,700만 원
2009년(계약 갱신)	3억5,000만 원	1,800만 원
2011년(계약 갱신)	4억5,000만 원	1,950만 원
2013년(계약 갱신)	5억5,000만 원	2,000만 원
2015년(현재)	5억5,000만 원	2,100만 원

종복 건물주는 참 똑똑하고, 원장님은 답답하시네요.

헤어숍 원장 그렇죠. 이번에 건물주가 또 올려달라는데 어쩌죠?

종복 원장님에게 이사할 용기가 없어서 이런 문제점이 생긴 겁니다.

헤어숍 원장 헤어숍 인테리어 비용만 해도 수억 원이 들어갔어요. 그리고 이사를 가려면 현재 건물을 원상 복구해야 합니다. 이사 비용에다 새로 들어갈 인테리어 비용을 따져보면 그냥 건물주 말대로 임대료를 올려주고 여기 있는 것이 더 편하겠다고 생각했어요.

종복 앞으로 건물주가 임대료를 계속 올릴 것 같은가요? 아니면 더 이상 올리지 않고 동결할 것 같나요?

헤어숍 원장 임대 계약 만기 시점인 2년마다 계속 올릴 것 같아요.

종복 그럼 계속 2년마다 임대료를 올려줄 겁니까?

헤어숍 원장 어쩔 수 없잖아요.

종복 그럼 억울해하지 마시고 임대료를 계속 올려주세요.

헤어숍 원장 그게 무슨 부동산 전문가 답변인가요?

종복 그럼 답을 드리죠! 대신 상담료로 오늘 커트는 공짜로 해주셔야 합니다. 하하.

헤어숍 원장 당연하죠. 잘 해결만 되면 평생 공짜로 머리해드릴게요.

종복 그럼 약속 꼭 지키세요. 하하. 지금 현재 이 건물의 보증금만으로도 충분히 청담동 건물주가 될 수 있습니다.

헤어숍 원장 에이, 설마요.

종복 당연히 일반적인 상식으로는 이해가 안 되고 불가능하다고 생각할 겁니다. 그래서 저 같은 빌딩 전문가가 필요한 거죠.

헤어숍 원장 그럼 당장 그 방법을 알려주세요.

종복 네, 조만간 청담동 빌딩 주인이 될 수 있도록 자료를 준비해서 연락 드리겠습니다.

2주 후

종복 원장님, 청담동에 특급 매물이 나왔으니 청담사거리에서 내일 뵙겠습니다.

헤어숍 원장 정말요? 네!

종복 추천한 매물의 내역입니다.

소재지	서울시 강남구 청담동
대지 면적	약 208㎡
총면적	약 495㎡
층수	지하 1층~지상 3층
용도	다가구주택
매매가	27억 원

헤어숍 원장 매매가가 27억 원이면 돈이 부족한데요.

종복 당연히 돈이 부족하겠죠.

헤어숍 원장 그럼 살 수가 없잖아요. 헤어숍 하기에 정말 좋은 위치인데.

종복 아닙니다. 충분히 구입이 가능합니다.

헤어숍 원장 정말인가요?

종복 네. 그럼 이 청담동 건물을 어떻게 살 수 있는지 설명해드리죠.

매매가	27억 원	
소유권 이전 비용	1억2,000만 원	
담보 대출	22억 원	연 금리 2.74%
신용 대출	2억 원	연 금리 3.97%
실투자금	4억2,000만 원	

헤어숍 원장 와, 정말 대박이네요. 이렇게만 된다면 당장 계약하겠습니다.

종복 그런데 원장님, 공사비는 있습니까?

헤어숍 원장 맞다! 없는데 어쩌죠. 공사비는 얼마나 들까요?

종복 7억 원 정도 예상하는데, 이 비용 역시 은행에서 공사비 기성금 대출을 해주기로 했습니다.

헤어숍 원장 공사비 기성금 대출이 뭔가요?

종복 공사를 시작해 준공일까지 공사 과정에 따라 은행에서 분할로 추가 대출을 해주는 것을 말합니다.

헤어숍 원장 그럼 부동산 계약부터 대출, 인테리어 설계와 시공까지 꼼꼼히 체크해주세요. ^^

2016년 신축 공사를 마치고 현재 아래와 같은 건물에서 영업 중이다.

층 수	업 종	기 타
지하 2층	주차장	허가상은 지하 2층이나 실제는 지하 1층
지하 1층	미용실(직영)	허가상은 지하 1층이나 실제는 지상 1층
지상 1층	미용실(직영)	허가상은 지상 1층이나 실제는 지상 2층
지상 2층	인테리어 사무실	보증금 1억 원 / 월 임대료 580만 원
지상 3층		
지상 4층	스튜디오	보증금 1억 원 / 월 임대료 510만 원
지상 5층		
합계		보증금 2억 원 / 월 임대료 1,090만 원

현재 빌딩 시세 60억 원

강남구 신사동에서 보증금 5억5,000만 원에 월세 2,100만 원을 내고 헤어숍을 운영하던 세입자가 담보 대출, 신용 대출, 공사 기성금 대출을 받은 총 31억 원과 기존 보증금만으로 청담동에 지하 2층에서 지상 5층 규모의 빌딩을 신축했다. 그리고 2층과 3층(인테리어 사무실), 4층과 5층(스튜디오)은 각각 보증금 1억 원씩 총 2억 원을 받고 모두 임대를 했다. 또한 헤어숍은 지하 1층부터 지상 2층을 사용하고, 세입자에게서 받은 월 임대료 총 1,090만 원은 대출금의 월 이자 950만 원을 납부하고도 남는 상태다.

이 대목에서 많은 사람이 헤어숍 원장이 구입한 청담동 빌딩의 현재 가격이 궁금할 것이다. 인근의 매매 동향을 토대로 분석하면 60억 원은 족히 넘을 것으로 보인다.

헤어숍 원장은 최초 빌딩 구입 시 4억2,000만 원을 투자했지만 세입자에게 보증금 2억 원을 받았으니 실제 투자 금액은 2억2,000만 원이라고 볼 수 있다. 즉, 2억2,000만 원을 투자해 2년 만에 24억8,000만 원(양도소득세 포함)의 시세 차익을 남긴 셈이다.

총 투자 비용	35억2,000만 원(공사 비용+소유권 이전 비용 포함)
현재 시세	60억 원
시세 차익	24억8,000만 원

그런데 과연 헤어숍 원장은 나와 처음에 한 약속을 지켰을까? 본인이 세입자로 있는 헤어숍 보증금만으로 청담동 빌딩 주인이 되도록 해주면 평생 머리를 공짜로 해주겠다는 약속 말이다. 정답은 여러분의 상상에 맡기겠다.

tip 신축을 목적으로 다세대주택이나 단독주택을 구입할 경우 먼저 어느 정도 규모로 신축이 가능한지 건축 전문가를 찾아 계약 전에 꼼꼼히 알아보는 것이 중요하다.

세분	용도지역	용적률 (지상 면적)	건폐율 (1층 면적)	층수 (예상 층수)
전용	1종 전용주거지역	100% 이하	50% 이하	지하 1층~지상 2층
	2종 전용주거지역	120% 이하	40% 이하	지하 2층~지상 2층
일반	1종 일반주거지역	150% 이하	60% 이하	지하 2층~지상 4층
	2종 일반주거지역	200% 이하		지하 2층~지상 5층
	3종 일반주거지역	250% 이하	50% 이하	지하 2층~지상 6층
상업	근린상업지역	600% 이하	60% 이하	지하 5층~지상 12층
	일반상업지역	800% 이하		지하 5층~지상 15층

(서울시 용적률 · 건폐율)

7. 유명 커피 전문점 입점 빌딩
구입해 실패한 부부
빌딩 초보자가 저지르기 쉬운 실수

빌딩 구입 시 명심해야 할 원칙

6년 전쯤 한 부부가 상담을 받으러 왔다. 이렇게 의견이 다른 부부가 있을까 싶을 정도로 서로 상반되는 의견만 내놓는 두 사람을 보면서 참으로 신기하면서도 걱정이 되었다. 이야기를 계속 나누어보니 빌딩에 관한 상식이나 지식 수준은 부인이 남편보다 훨씬 높았다. 남편이 20%를 알고 있다면 부인은 80%를 알고 있었다. 일반적으로는 남편이 부동산에 대해 더 잘 아는 편인데 이 부부의 경우 남편이 아내에 비해 부동산에 대해 잘 모르는 것은 물론 고집도 상당히 셌다. 남편인 G씨는 현재 선박 회사 이사로 근무하면서 회사 주식을 다량 보유하고 있는 알부자였다. 그런데 문제는 매우 위험한 수준의 부동산 지식으로 빌딩을 구입하려는 것. 차라리 사지 않는 것이 올바른 선택일 수도 있다는 생각이 들었다. 하지만 부인이 남편을 이길 수도 없고 설득할 수도 없는 상황이라는 것을 직감했다.

빌딩을 구입할 때 명심해야 하는 몇 가지 원칙이 있다.

1. 월세가 아무리 많이 나와도 사지 말아야 할 빌딩이 있고, 월세가 적게 나와도 구입해야 할 빌딩이 있다.

2. 아무리 깨끗해도 사지 말아야 할 빌딩이 있고, 낡거나 노후해도 구입해야 할 빌딩이 있다.

3. 우량한 세입자(편의점, 은행, 커피 전문점, 약국, 병원 등)가 많이 입점해 있어도 사지 말아야 할 빌딩이 있고, 전체가 공실이어도 구입해야 할 빌딩이 있다.

4. 아무리 역세권이라도 사지 말아야 할 빌딩이 있고, 역세권에서 조금 멀어도 구입해야 할 빌딩이 있다.

유명 커피 전문점 입점 빌딩 구입해 낭패

이들 부부는 이 모든 원칙을 과감히 깨고 빌딩을 사는 크나큰 실수를 저질렀다. 상담 후 15일 정도 지나서 G씨의 아내가 급하게 전화를 해서는 자신은 아무리 생각해봐도 아닌 것 같은데, 남편이 마음에 드는 빌딩을 찾았다며 며칠 안에 계약하려 한다고 했다. 남편을 데리고 갈 테니 설득을 해달라고 했다.

G씨가 마음에 들어 한 빌딩의 개요는 다음과 같다.

소재지	서울시 성북구
대지 면적	약 694㎡
총면적	약 1,157㎡
층수	지상 1층~지상 3층
준공 연도	2010년
도로 여건	6차선 대로변

남편 G씨가 이 빌딩을 마음에 들어 하는 가장 큰 이유는 과연 무엇이었을까? 바로 세입자(임차인)가 유명 커피 전문점이기 때문이었다.

매매가	84억 원
세입자	세계적인 커피 전문점
보증금	4억 원
월 임대료	3,900만 원
대출금	45억 원
실투자금	35억 원

남편 G씨가 좋은 빌딩이라고 주장하는 이유는 몇 가지 더 있었다.

1. 유명 커피 전문점이 10년 장기 임대차 계약으로 빌딩 전체를 사용하고 있으니 임대료를 연체할 일은 없을 것이다.

2. 왕복 6차선 대로변에 위치해 있다.

3. 2010년에 신축한 빌딩이라서 추가로 손볼 부분이 없을 것 같다.

4. 은행 대출을 받아서 구입 가능하기 때문에 실투자금은 35억 원밖에 들지 않아 부담이 적다.

그런데 더욱 놀라운 일은 해당 빌딩이 공인중개사 사무소 사이에서 이미 비인기 빌딩으로 소문이 났다는 것이다. 그 이유는 다음과 같다.

1. 유명한 커피 전문점이 10년 장기 계약을 체결하고 입점해 있지만 임대료 3,900만 원이 고정이 아니다. 바로 수수료 매장이기 때문이다. 수수료 매장은 세입자가 영업 매출의 15~18%를 빌딩 주인에게 지급하는 방식으로 운영하는 매장을 말한다. 이는 만약 매출이 떨어지면 임대료를 적게 낸다는 의미다.

2. 현재 이 빌딩은 시세가 65억 원 정도로 평가되나 임대료가 높다는 이유로 시세보다 약 19억 원 더 비싼 가격으로 시장에 나와 있는 매물이다.

3. 비록 커피 전문점이 3개 층을 사용하더라도 장기적으로 보면 더 유리한 지하 1층~지상 5층으로 신축하지 않은 것은 공사비를 줄이려는 건물주의 꼼수다.

절대 해당 빌딩을 구입하면 안 된다고 설득했으나, 어이없게도 G씨는 "혹시 박종복 원장님이 직접 중개한 빌딩이 아니라서 중개 보수를 받지 못하기 때문에 일부러 구입하지 말라고 하는 거 아니냐"는 말까지 했다. 나도 화가 나서 "빌딩 하나 계약하고 못 하고에 따라서 팔자를 고치는 것도 아니고, 그런 생각까지 하신다면 구입하든지 말든지 마음대로 하라"며 상담을 종료했다.

현실적 임대료로 공실 기간부터 줄여라

그 후 6년이라는 시간이 지나고 나서 과연 G씨가 구입한 빌딩은 현재 어떤 모습일까 궁금해 현상을 찾아가 보았다. 그런데 빌딩은 너무나도 깜짝 놀랄 모습으로 변해 있었다. 빌딩 전체가 비어 있고 외벽에는 대형 임대 광고 현수막이 붙어 있었다. G씨의 휴대폰 번호와 함께 말이다. 인근 공인중개사 사무소에 들러 왜 저 건물이 비어 있냐고 물어보니, 유명 커피 전문점에서 빌딩 전체를 사용했는데 영업이 너무 저조해서 계약 만기일이 남았는데도 부득이하게 철수한 상태라고 했다.

또 해당 빌딩 1개 층 정도를 사용하겠다는 업체가 있는데도, 주인은 빌딩 전체를 통째로 사용할 사람이 아니면 임대하지 않으려 한다는 것이었다. 가장 큰 문제는 커피 전문점이 입점할 당시 지불했던 보증금 4억 원에 월세 3,900만 원을 고집하고 있다는 것. 주변 시세를 고려할 때 현재나 6년 전이나 보증금 2억 원에 월 임대료 1,500만 원이 적당하다는 것이 인근 공인중개사들의 공통된 의견이라고 했다. 게다가 90억 원에 팔아달라고 매물로 내놓았지만 시세가 70억 원도 가지 않는 전체 공실 빌딩을 누가 사겠냐는 것이었다. 그야말로 총체적 난국이었다. 지금의 이런 상태라면 임대하기 곤란한 빌딩으로 전락했다고 보는 것이 맞다. G씨는 임대료가 많이 나온다는 이유로 시세보다 비싸게 빌딩을 구입했고, 세입자는 생각보다 영업이 잘되지 않으면 나가는 것이 정석이다. 빌딩을 처음 구입하는 초보자들이 저지르는 실수 중 하나다. 그로 인한 피해는 고스란히 건물주의 몫이다. 빌딩 전체가 공실이니, 빌딩을 구입할 때 받은 대출금 이자는 매월 생돈으로 지급하고 있는 상황이다. G씨 가정은 과연 어떤 상황일지 답답하기까지 했다. 지금 실패했다고 모든 것이 실패한 것은 아니다. 지금이라도 이전의 임대료는 잊어버리고, 현실적인 금액대의 임대료로 공실 기간부터 줄이는 방법을 연구하는 것이 필요하다. 이 책을 읽는 독자들은 G씨 같은 실수를 절대 하지 않기를 바란다.

잘못하면 시세보다 비싼 가격에 낙찰받는다!
경매의 허와 실

시세보다 저렴하게 낙찰받아야 성공

누구나 적은 예산으로 시세보다 저렴하게 부동산을 구입하고 싶은 마음일 것이다. 그래서 건물 경매에 관심을 갖는 사람이 많다. 전문 부동산 경매 대행사에 비용을 지불하고 의뢰하거나 본인이 공부해서 직접 입찰에 참여하는 형태로 경매에 도전한다. 결과적으로 시세보다 낮은 금액으로 낙찰을 받는다면 좋지만, 과연 경매에 참여하는 사람들의 성공 확률이 얼마나 될까? 하지만 부득이하게 시세보다 비싼 금액으로라도 낙찰을 받아야 하는 경우도 있다. 근접 부동산의 진·출입구 활용을 위해 해당 건물이 꼭 필요한 사람 등이다. 이를 제외하고는 주변 부동산의 현재 거래 가격과 시세를 꼼꼼히 파악한 뒤 경매에 참여해야 한다. 그래야 적게는 감정가보다 10% 정도, 많게는 시세보다 2배 가까이 더 주고 낙찰받는 실수를 막을 수 있다.

사전에 주변 시세를 꼼꼼히 확인하고 경매에 참여해야

2018년 10월 16일 서울중앙지방법원에 아주 특별한 경매 물건 하나가 올라와 눈길을 끌었다.

법원 경매 공동주택 사상 가장 높은 감정 가격을 기록했다. 지나가다 이 아파트를 쳐다만 봐도 돈을 내야 한다는 우스갯소리가 있을 정도로 최고급 아파트인 삼성동 아이파크 웨스트윙동 경매건의 내용이다.

소재지	서울시 강남구 삼성동
주변 시세	105억3,000만 원(전용면적 약 136㎡)
감정 가격	99억 원(전용면적 약 268㎡)
최저 가격	79억2,000만 원
낙찰 가격	83억7,508만 원

2018년 8월 기준 서울 아파트 경매 평균 낙찰가율은 105.5%로 역대 최고 치를 기록했다. 그런 들뜬 분위기에 편승해 경매 시장에 참여하는 것은 위험하며, 삼성동 아이파크 웨스트윙동은 특별한 지역의 최고가 아파트라는 사실을 염두에 두고 참고만 해야 한다.

최근 부동산 광풍으로 경매 시장도 후끈 달아오른 상태이며 더할 나위 없는 호황을 누리고 있다. 이런 현상은 아파트 시장에 매물 잠적 현상이 생기면서 갈증을 느낀 수요자들이 대거 경매 시장으로 몰렸기 때문인 것으로 해석할 수 있다. 반면 잘못된 토지 경매 분석으로 피해를 보는 사례 또한 급증하고 있다. 토지 보상 지역(공공주택지구, 산업단지, 경제자유구역 등)의 공매·경매 시장에 투자 수요가 대거 몰리면서 높은 금액에 낙찰받았으나, 낙찰 가격이 토지 보상 가격의 40% 미만인 경우도 곳곳에서 볼 수 있다. 또 시세보다 높은 금액으로 낙찰받은 사람들이 배우자와의 잦은 다툼으로 입찰 보증금으로 지급한 돈을 돌려받고 낙찰을 포기할 수 있는 방법이 없냐고 상담을 신청하는 사례도 의외로 많은 편이다. 하지만 낙찰받은 사람이 잔금일에 대금을 지불하지 않으면 입찰 금액은 법원에 귀속된다. 경매 과정에서 특별하게 큰 문제가 없는 경우 입찰 보증금을 반환받기는 어렵다. 이렇듯 경매에 참여해 자산을 조금이나마 늘리려다 낭패를 보는 사람이 많다는 사실을 알고 사전에 주변 부동산 시세, 경매 물건과 관련한 정보 등을 꼼꼼하고 철저하게 조사해야 한다.

boxed{tip} 경매 참여 전, 이것만은 꼭 기억하라!

시세를 확인하는 습관을 들여라. 경매에 관심을 갖고 재테크 수단으로 삼으려는 사람들 가운데 다수가 막연히 경매로 낙찰을 받으면 무조건 큰 시세 차익을 얻을 수 있다고 생각한다. 이렇게 부동산 경매 시장에 뛰어든 사람들이 해당 빌딩의 시세를 어떻게 조사할까? 경매가 진행되고 있는 부동산의 인근 공인중개사 사무소에 들러 시세를 물어보고, 그 시세를 바탕으로 낙찰 가격을 정하는 사람이 많다. 이것은 정말 위험한 발상이다. 사실 동네 공인중개사 사무소의 데이터는 참고용일 뿐 정확한 시세라고 보기에는 부족할 수 있다. 공인중개사 사무소 자료뿐 아니라 스스로 다양한 자료에 접근해 시세를 파악해야 한다. 경매 전에 반드시 ① 정확한 시세 ② 세입자 권리 관계 ③ 개발 제한 지역 여부 ④ 대출 가능 금액 ⑤ 미납금(전기요금, 수도요금, 가스요금, 관리비 등) 등 다양한 정보의 꼼꼼한 확인·분석이 필요하다.

PART 4

돈 되는 투자
vs.
돈 안 되는 투자

1. 3억 원대 투자로 신촌 빌딩 주인 된 K여사
신용등급 높여 저금리로 대출받고
착실하게 대출 원금 상환하라

적은 예산으로 꼬마빌딩에 도전

직업병 탓인지 고객들과 상담을 하다 보면 몇 마디만 주고받아도 상대편의 생각과 심리를 파악하게 된다. 실제로 경험한 재미있는 사례를 하나 소개하고자 한다. 서울시 송파구에 거주하는 40대 주부 K여사는 부동산에 관한 전문 지식이나 투자 경험이 전혀 없었다. 초면인 K여사는 테이크아웃 커피 한 잔을 들고 당당하게 사무실로 들어와서는 찾아오게 된 계기와 희망 사항을 막힘없이 쭉 풀어놓았다. 그런데 막상 본인의 문제가 무엇인지 전혀 모르고 있었다. 예산은 비록 3~4억 원밖에 없지만 좋은 조건으로 대출을 받기 위해 15년 전부터 지금까지 신용등급 관리를 철저히 해왔다며 자랑만 늘어놓았다. 용기와 자신감만큼은 높이 살 만했다. 어지간한 남자보다 더 용기 있고 도전정신도 강한 것만은 분명했다.

　3~4억 원도 크다면 큰돈이지만 꼬마빌딩을 구입하기에는 턱없이 부족

한 예산이라는 결론으로 상담을 마쳤다. 상담 끄트머리에 기약은 없지만 혹시라도 좋은 매물이 나오면 연락하겠다는 말을 덧붙였다.

그리고 1개월 정도 지난 뒤 아주 예쁜 꼬마빌딩 매물이 신촌 로터리에 등장했다. 연세대학교, 이화여자대학교, 서강대학교, 홍익대학교 상권을 아우르고 있는 지하철 2호선 신촌역에서 도보 2분 거리에 있는 초역세권에 꼬마빌딩이 나온 것이다. 즉시 현장 답사에 나섰다.

K여사가 매입한 부동산 개요	
소재지	신촌 로터리
대지＋총면적	약 500㎡
준공 연도	1990년
대중교통	지하철 2호선 신촌역 도보 2분 거리
임차인 업종	지하 1층(스튜디오)
	지상 1층(커피 전문점)
	지상 2층(호프집)
	지상 3층(음악 학원)
	지상 4층(사무실)
	지상 5층(사무실)

매매가 분석	
매매가	24억 원
보증금	2억 원
월 임대료	890만 원

신촌 지역의 빌딩치고는 가격도 저렴한 지하 1층~지상 5층 규모의 매물이었다. 그래서 과연 K여사의 신용으로 은행 대출을 얼마나 받을 수 있는지 검증 차원에서 은행에 해당 빌딩에 대한 탁상 감정을 의뢰했다. 그런데 지금 글을 쓰고 있으면서도 그때의 놀랐던 기억이 너무나 생생하다.

높은 신용등급으로 저금리 대출, 착실하게 대출 원금 상환까지

은행 관계자는 K여사의 신용등급이 매우 높아 매매 가격이 24억 원인 빌딩에 저금리 대출을 20억 원이나 해주겠다는 것이다. 결국 K여사는 꼬마 빌딩을 구입했다. 그래서 아래의 투자 분석 내용대로 현금 3억4,000만 원 정도를 투자해 월 임대료 890만 원에서 은행 대출 이자 517만 원을 내고도 매월 373만 원의 수익을 거두고 있는 상황이다.

실투자금 분석	
매매가	24억 원
보증금(-)	2억 원(승계받음)
대출금(-)	20억 원(연 금리 3.1%)
중개 보수(+)	2,000만 원
소유권 이전 비용(+)	1억1,520만 원(약 4.8%)
월 대출 이자	517만 원
월 임대료 순수익	373만 원
실투자금	3억3,520만 원
연 수익률	22.4%

나는 K여사에게 남편의 수입으로 생활이 가능한지 물었다. 당연히 생활을 하고도 남는다는 것이었다. 남편의 월수입 중 얼마 정도가 남는지 물었더니 350만 원 정도라고 했다. 그래서 또 다른 부동산 투자 포트폴리오를 제시했다.

많은 사람이 부동산을 구입할 때 대출을 받지만, 원금 상환에 대해서는 무감각하다. 그 이유는 대출 이후 특별한 결격사유(이자 연체, 신용불량 등)가 발생하지 않는 한 대출 만기일에 은행 측에서 대출금 상환을 연장해주기 때문이다. 은행이야 이자 놀이를 하는 기관이니 이자를 꼬박꼬박 잘 내는 사람이 최고 아니겠는가.

K여사에게 새롭게 제안한 포트폴리오의 핵심은 남편의 수입 중 매달 남는 돈(350만 원)과 신촌 빌딩에서 나오는 임대료(890만 원) 중 대출 이자(517만 원)를 공제하고 남는 돈(373만 원)을 합한 723만 원으로 매달 대출 원금을 갚아나가라는 것이었다. 그렇게 매달 대출금을 상환하다 보면 꼬마빌딩은 미래에 아래와 같은 큰 시세 차익이 발생하는 빌딩으로 재탄생하게 된다.

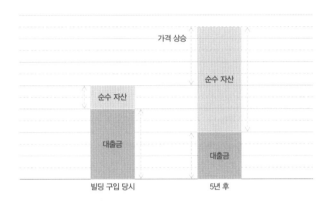

빌딩을 구입할 당시 대출을 많이 받은 탓에 순수 자산 비율이 낮았다. 그러나 대출 원금을 착실히 갚아나간다면 약 5년 후 대출금은 줄어들고 빌딩 가격은 상승해 순수 자산 비율이 월등히 높아질 것이다. 이야말로 최고의 부동산 투자가 아니겠는가.

2. 4,400만 원 투자해 8억 원 아파트 주인 된 S씨
도로용지와 화단, 틈새 부동산의 위력

가용 자산 5,450만 원 활용한 미래 가치 있는 투자 방법은?

얼마 전 기분 좋은 전화 한 통을 받았다. 7년 전에 내가 추천한 도로용지를 구입한 부부에게서 걸려온 반가운 전화였다. 부부 싸움까지 하면서 샀는데 지금 그곳에 재개발이 진행되면서 가격이 많이 올랐다며 고맙다는 인사를 전하고 싶다고 했다. 부부가 구입한 부동산은 서울시 동작구 흑석동에 위치해 있다.

도로용지, 화단 등은 건축 행위를 할 수 없어 이용 가치가 낮은 땅이라고 생각해 부동산 시장에 매물로 나와도 인기가 없고 찾는 이 또한 없는 소외된 상품 중 하나다. 그렇지만 재개발이 진행되면 도로용지, 화단의 자산 가치와 위력은 대단해진다. 나의 첫 번째 책인 『나도 강남 빌딩 주인 될 수 있다』 본문 중에도 이러한 내용이 소개되어 있다. 그런데 두 번째 책에 또다시 덧붙이는 이유를 꼭 생각해보기를 바란다.

다시 이 부부의 이야기로 돌아가면, 30대 중반으로 딸 둘과 함께 평범한 가정을 꾸리고 있었다. 대학교 캠퍼스 커플로 만나 결혼까지 했는데, 가진 돈은 그다지 많지 않고 집도 없었다. 불확실한 앞날이 걱정이던 부부는 미래 가치가 있는 투자 방법을 찾기 위해 상담 신청을 해왔다.

당시 부부의 자산 규모와 연봉은 다음과 같았다.

남편 연봉	6,300만 원
아내 연봉	0

자산 종류	금액
현금 자산	4,200만 원
주식 자산	800만 원
펀드 자산	450만 원
부동산(전세금)	2억1,000만 원
합계	2억6,450만 원

현재 살고 있는 전셋집 보증금 2억1,000만 원을 제외하면 5,450만 원이 이들 부부가 사용할 수 있는 가용 자금의 전부라고 볼 수 있다. 사실 이 정도의 예산이라면 투자는 고사하고 있는 자산이나 잘 지키라는 조언이 맞을 수도 있다. 그런데 상담을 하다 보니 남편의 마인드는 안전주의, 아내는 안전 자산에 공격적인 투자를 선호하는 스타일이었다. 서로 투자 마인드는 다르지만, 한 가지 일치하는 것은 목돈을 모으기 전까지는 집을 살 생각이 없다는 것이었다.

부동산을 살 때는 본인과 맞는 상품을 선택해야 한다고 생각한다. 즉 나이, 자산 규모, 현재 연봉, 은퇴 시점, 자녀 연령 등을 고려해 부동산을 취득해야 한다. 많은 사람이 친구 따라 강남 가듯 주변에서 부동산에 투자해 대박을 터트렸다는 말만 듣고 투자를 시작한다. 이러한 '묻지 마 식 투자'는 반드시 피해야 한다. 실패의 지름길일 뿐이다. 친구가 부동산 투자에 성공한 것은 본인에게 적합한 상품을 선택했기 때문이라는 사실을 간과해서는 안 된다.

매매가 6,400만 원의 도로용지를 권하다

부부의 부동산에 대한 평가와 실력을 알아볼 겸 서울시 동작구 흑석동에 위치한 면적 약 105㎡에 매매가 6,400만 원인 도로용지를 권해보았다. 결과는 내가 예상한 반응 그대로였다. 남편과 아내가 각각 나에게 질문한 내용과 답변을 7년 전을 회상하며 정리해봤다.

남편 이 땅에 건물을 지을 수 있나요?

종복 아니요. 도로용지는 건축 행위를 할 수 없습니다.

남편 그럼 이 땅을 사서 뭐 하죠?

종복 도로용지를 추천하는 이유는 이 지역에 본격적으로 재개발이 진행될 경우 가치와 위력이 대단해질 것이기 때문입니다.

남편 그 위력이 어떤 것인가요?

종복 면적에 따라 다르지만 만일 해당 땅이 재건축될 경우 조합원 자격이 부여됩니다.

남편 그럼 이 지역의 도로를 구입하면 면적과 상관없이 무조건 조합원 자격을 주나요?

종복 재개발사업인 경우 토지 면적이 약 90㎡ 이상이면 조합원 자격이 부여됩니다.

남편 그럼 이 땅은 약 105㎡이니 조합원 자격이 생기겠군요?

종복 네~~!!

아내 그럼 이 땅을 구입하고 나서 얼마나 기다려야 재개발이 진행될까요?

종복 정확한 답변을 드리지는 못합니다. 그러나 길게 잡아 10년 이내에 진행이 가능할 것으로 보고 있습니다.

아내 현재 매매가가 약 105㎡에 6,400만 원이면 3.3㎡당 200만 원 정도네요. 그렇다면 시세보다 비싼 가격인가요, 아니면 시세인가요? 그것도 아니면 급매인가요?

종복 일반적으로 건물을 지을 수 있는 대지 가격은 3.3㎡당 2,000만 원이 넘습니다. 그리고 이 도로용지는 85세가 넘으신 소유자가 노후를 준비하려고 급매로 내놓은 땅입니다.

아내 만약 재건축이 진행될 경우 이 땅의 가격이 얼마까지 오를 것으로 보시나요?

종복 인근 재건축 아파트 분양가와 보상가를 기준으로 볼 때 최소 3억 원 이상은 가능하다고 봅니다.

남편 그걸 무엇으로 어떻게 보장하나요?

종복 (조금 짜증이 났지만 최대한 부드럽게 설명) 우리 회사는 빌딩 매매 전문 회사입니다. 그런데 고객이 빌딩을 구입하기에는 가지고 있는 예산이 부족해서 미래 가치가 있는 다른 투자 방법을 알려드린 것입니다. 불안한 마음이 크다면 구입하지 않으셔도 됩니다.

아내 (재빨리 남편에게 그만하라고 눈짓을 하며) 남편이 의심이 많아서 그런 거니 이해해주세요. 그런데 이 땅은 대출이 가능한가요?

종복 네. 개인 신용에 따라 다르지만 2,000만 원 정도는 대출 가능합니다.

아내 그럼 땅값 6,400만 원 중 2,000만 원 대출이 되면 현금 4,400만 원만 있으면 살 수 있겠네요?

종복 네.

남편 재개발도 불확실하고, 가격이 오른다는 보장도 없는 땅을 대출까지 받아서 구입하지는 않겠습니다.

종복 네. 그렇게 하세요. 이런 땅은 부동산 틈새시장을 보는 눈이 없는 분에게는 적합하지 않습니다.

아내 남편과 상의 후 다시 연락드리겠습니다.

　4일 후

남편 부동산업을 하는 친구가 있는데 도로용지는 이용 가치도 없고, 흑석동은 재개발을 하려면 최소 20년은 더 걸릴 거라고 합니다. 없던 일로 하겠습니다.

종복 네. 그럼 그렇게 생각하시고 없던 일로 하세요(설득해야 할 이유를 못 느낌).

　2일 후

아내 남편과 크게 싸웠어요. 답답해 죽겠습니다. 정말 투자 가치가 있는 땅이죠? 맞다면 어떻게 해서든 남편을 설득해볼 테니, 속 시원하게 답을 해주시면 좋겠어요.

종복 흑석동 땅은 노다지인 것은 맞습니다. 하지만 남편분이 그렇게까지 반대한다면 구입을 포기하는 게 나을 듯합니다.

아내 네. 알겠습니다. 어떻게 해서든 남편을 설득해보겠습니다.

　5일 후

　흑석동 도로용지 계약을 체결함

　매매가 6,400만 원

　계약금 640만 원

　중도금 1,000만 원

　잔금 4,760만 원(대출금 2,000만 원)

　현금 투자 4,400만 원

　그리고 7년 후

아내 원장님 저 기억하세요? 7년 전 남편과 이혼 이야기까지 하면서 흑석동 도로용지 구입한 사람입니다.

종복 아, 네. 잘 지내셨어요?

아내 네. 다름이 아니라 7년 전 구입한 흑석동 땅에 현재 주택재개발정비사업이 추진되고 있어요. 이주 단계에 있습니다.

종복 네. 저는 이미 알고 있었습니다.

아내 그런데 동네 공인중개사 사무소에서 7억 원 정도에 팔지 않겠냐고 전화가 왔어요.

종복 지금 자랑하려고 전화하신 겁니까? 하하.

아내 아니요. 남편이 흑석동 땅 구입할 때는 그렇게 난리를 치더니 이제는 박종복 원장님께 물어보라고 성화네요. 남편은 예전에 반대한 일 때문에 죄송해서 직접 전화하지 못하겠다고요.

종복 네. 하하. 혹시 땅을 팔아야 할 이유가 있나요? 당장 돈이 필요하다든지 하는 뭐 그런 이유 말입니다.

아내 아니에요. 당장 돈이 필요한 상황은 아닙니다.

종복 그렇다면 팔지 말고 그냥 가지고 계세요.

아내 그럴 만한 이유가 있나요?

종복 이번에 흑석동 도로용지 2필지가 경매로 나왔는데 1필지에는 응찰자 28명, 다른 1필지에는 응찰자 25명이 몰려서 난리가 날 정도였습니다.

도로용지 경매 진행 내용

약 13m² 감정가 2,418만 원 → 낙찰가 1억2,000만 원

= 감정가 대비 낙찰가율 496%

약 89m² 감정가 1억6,020만 원 → 낙찰가 5억1,600만 원

그리고 그 지역의 분양 면적 56m² 연립주택이 7억2,000만 원에 거래되고

있습니다. 이 땅은 8억 원 이상의 가치가 있습니다.

아내 말만 들어도 행복합니다. 조만간 남편과 함께 찾아가 인사도 드리고 식사도 대접하겠습니다. 고맙습니다.

뚜~뚜~뚜~뚜~뚜~뚜~뚜~뚜~뚜~뚜~뚜~뚜

틈새시장 공략해 11억 원 자산가 된 부부

얼마를 투자해 어느 정도 수익을 올렸는가도 중요하지만, 틈새시장 분석과 시간적 여유를 갖고 기다리는 인내심이 얼마나 중요한지 보여주는 값진 사례라고 생각한다. 7년 전 현금 4,400만 원을 지금까지 가지고 있었다면 얼마나 불어났을까? 아니면 흑석동 땅보다 더 투자 가치가 높은 부동산을 구입해 큰 시세 차익을 남겼을까? 이도 저도 아니면 월급만 꼬박꼬박 모아 무슨 수로 8억 원 규모의 집을 구입할 수 있을까?

현재 이 부부의 자산 현황이다.

자산 종류	금액
현금 자산	1,400만 원
주식 자산	1,142만 원
펀드 자산	620만 원
부동산 자산(흑석동)	8억 원
전세금	2억6,000만 원
계	10억9,162만 원

다시 정리해보면 최초 흑석동 도로용지 구입 당시 빌린 2,000만 원은 대출을 부담스러워하는 남편의 성격 덕분에 다 갚았고, 올려준 전세금 5,000만 원만큼 자산도 불어난 셈이니 알뜰하게 가계부를 쓴 아내의 노력에도 큰 박수를 보낸다. 틈새시장을 공략한 부부는 40대 초반에 당당히 11

억 원대 자산가 반열에 오르게 된 것이다. 그런데 밥은 언제 사주시려나?
여전히 나는 전화를 기다리고 있다.

tip 도로용지 구입 시 주의 사항

도로용지는 재개발·재건축 투자성이 높은 것은 사실이나, 상황에 따라 입주권이
부여되지 않는 경우가 있으므로 신중하게 투자해야 한다. 정비조합에 관리처분계
획 인가가 나기 전에 땅 소유권자가 분양 신청을 했는지 직접 확인하는 등 꼼꼼히
사전 분석 후 도로용지 구입 여부를 결정해야 한다. 또 하나 주의할 점은 보상 가
격 자체가 일반 대지와는 다르다는 것이다. 일반 대지보다 보상가가 적을 수 있다
는 점을 염두에 두고 토지 가격을 평가해야 한다.

3. 총 7억 5,000만 원에 구입한
빌라 3채 가격이 41억 원으로 상승
부동산 전문가와 반드시 매매 시점을 상의하라

7억 5,000만 원으로 빌라 3채 구입

이번에는 남들이 생각지 못한 노후된(1991년 준공) 빌라·연립주택(집합건물)에 투자해 성공한 사례를 소개하고자 한다. 일반적으로 빌라나 연립주택은 부동산 투자처로서는 아주 낮게 평가받고 있다. 대개 적은 돈으로 내 집을 마련하고 싶어 하는 사람들이 아파트보다 30~40% 저렴한 가격에 구입할 수 있다는 점 때문에 선택하는 부동산이다. 따라서 가격 상승을 기대하기에는 역부족인 상품이라고 보는 것이다. 하지만 해당 지역 일대가 재개발된다면 이야기가 조금 달라진다. 물론 그렇다고 해도 자산 가치가 크게 높아지기를 기대하기에는 이 또한 부족하다고 본다.

완벽한 시나리오를 바탕으로 틈새시장 상품인 빌라 3채에 7억 5,000만 원을 투자했으나, 섣부른 판단으로 현재 시세 41억 원의 신사동 빌딩 소유주라는 꿈같은 현실을 실현시킬 기회를 남에게 넘겨준 안타까운 부부 이야기를 지금부터 시작하겠다.

이들 부부는 2006년 7월 지하 1층과 지상 2층, 2007년 6월 지상 1층을 순차적으로 매입하는 과정을 거쳐 1년 만에 전체 3가구 구입을 완료했다.

서울시 강남구 신사동 빌라				
층수	지분	매매가	대출금	실투자금
지하 1층	약 65㎡	9,500만 원	5,000만 원	4,500만 원
지상 1층	약 66㎡	5억4,000만 원	1억 원	4억4,000만 원
지상 2층	약 60㎡	3억6,000만 원	9,500만 원	2억6,500만 원
합계	약 191㎡	9억9,500만 원	2억4,500만 원	7억5,000만 원
총 실투자금				7억5,000만 원

이 부부는 강남구 신사동에 있는 지하 1층에서 지상 2층 규모의 대지 면적 약 191㎡, 총면적 약 235㎡의 단독주택 같은 빌라를 7억5,000만 원을 투자해 구입했다.

부부는 처음에는 "무슨 빌라를 구입하라고 그러느냐? 현금을 9억 원 정도 가지고 있으니 꼬마빌딩을 추천해달라"고 했다. 그러다가 비록 1년이라는 시간이 소요됐지만 소액 투자로 대박 예감이 확실한 강남 건물 주인 대열에 합류했다. 나는 이들 부부에게 당부했다. 해당 건물은 계속 가격이 오를 테니 목돈이 필요하기 전에는 절대 팔지 말라고. 부득이하게 팔아야 할 상황이면 꼭 나와 상의해서 결정하라는 말을 전하고 마무리를 지었다.

10년 만에 13억 원의 시세 차익 얻고 매매, 현재 시세 41억 원

이후 10년이라는 세월이 흐른 2017년 5월경 전화가 왔다. 본인들이 구입한 건물 가격이 상상을 초월할 정도로 올라서 이미 팔았다며, 고마움의 뜻으로 식사를 대접하겠다는 전화였다. 내심 이들 부부가 매매 시기를 너무 서둘렀다는 생각이 들었다. 2주일 후 만나서 이런저런 이야기를 하다가 매매한 내용을 듣게 되었다. 10년 전에 9억9,500만 원에 구입한 신사동 건물은 실투자금이 7억5,000만 원이었는데, 얼마 전 법인에 23억 원에 팔았다

며 흥분한 상태로 이야기를 했다. 어이가 없는 것을 넘어 그 부부가 한심해 보이기까지 했다. 그런 내 속도 모르는 채 오히려 잘하지 않았냐며 칭찬을 듣고 싶어 하는 것이었다. 나는 속으로 생각했다. '아이고, 건물을 잘 사주면 뭐하나. 저렇게 상의 한마디 없이 대형 사고를 치는데, 휴~.' 이 신사동 건물의 매매 결과를 정리해보자.

매입 일자	2006년 7월~2007년 6월
매입 금액	9억9,500만 원
실투자금	7억5,000만 원
매각	
매각 일자	2017년 5월
매각 금액	23억 원
시세 차익	13억500만 원(양도세 포함)
보유 기간	약 130개월
연 가격 상승분	약 1억 2,000만 원
월 가격 상승분	약 1,000만 원

일반적인 부동산이라면 이 정도의 가격 상승을 대박이라고 말할 수 있다. 현금 7억5,000만 원을 투자해 매월 1,000만 원씩 가격이 올라 1년에 1억2,000만 원씩, 11년이 채 되지 않아 13억 원이 넘게 오른 부동산은 대단히 우량한 상품임에 틀림없다. 그런데 이후 더욱 놀랄 만한 대반전의 드라마가 기다리고 있다. 이들 부부가 건물을 23억 원에 판 이후 두 번이나 더 매매가 이루어졌다. 부부에게 건물을 구입한 법인부터 마지막으로 산 40대 부부까지 매매 내용을 정리해보면 다음과 같다.

매입자	법인
매입 일자	2017년 5월
매입 금액	23억 원
은행 대출금	12억 원
실투자금	11억 원
1차 재매각	
매입자	40대 부부
매입 일자	2018년 5월
매입 금액	34억 원
은행 대출금	21억 원
실투자금	13억 원
2차 재매각	
매입자	40대 부부
매입 일자	2018년 10월
매입 금액	38억 원
은행 대출금	25억 원
실투자금	13억 원
현재 시세	41억 원

글을 쓰다 보니 다시 한 번 그때 일이 생각나 마음이 무겁다. 부부가 최초 구입할 당시 매매가는 9억9,500만 원이었다. 실제 7억5,000만 원을 투자해 11년이 채 되지 않아 13억 원의 시세 차익을 봤다고 자랑하기보다 2017년에 이 부동산을 팔지 않고 지금까지 가지고 있었다면 어떻게 되었을지 생각해봐야 한다.

매입 일자	2006년 7월~2007년 6월
매입 금액	9억9,500만 원
실투자금	7억5,000만 원
현재(2019년 1월 기준)	
시세	41억 원
시세 차익	31억500만 원(양도세 포함)
보유 기간	150개월(약 12년 6개월)
월 가격 상승분	2,070만 원
연 가격 상승분	약 2억4,800만 원

부동산 전문가와 파는 시점을 상의하라

최초에 빌라를 구입할 때 고민과 걱정과 불안 등을 뒤로하고 과감하게 반전의 상품을 선택한 것은 길이길이 남을 성공적인 부동산 투자다. 그렇게 과감하게 투자를 결정한 부부는 그에 따른 보상을 받을 자격이 있다. 하지만 2017년 5월 한 법인이 은행에서 대출받은 12억 원에 현금 11억 원을 합한 23억 원으로 이 부부의 건물을 구입한 뒤 1년 만에 34억 원에 다시 팔아 11억 원의 시세 차익을 거두었다. 단 1년 만에 말이다.

혹자는 '본인들 건물을 본인들이 판다는데, 아무리 부동산 전문가라도 너무 월권하는 것 아니냐'라고 할 수도 있다. 그렇지만 나의 생각은 조금 다르다. 고객이 원하는 부동산만 구입해주고 그에 따르는 중개 보수만을 받으면 된다는 생각은 지금까지 한 번도 해본 적이 없다. 우리 회사 전체 회의 때 내가 자주 하는 말은 "친정어머니가 건물을 구입한다는 생각으로 물건을 추천해라"다. 시어머니가 구입한다고 생각하면 친청어머니에게 추천하는 건물보다 못한 부동산 상품을 보여줄 수도 있기 때문이다. 진정한 부동산 전문가라면 이 정도로 고객에게 최선을 다해 자신 있는 상품을 추천하고, 이후 반드시 추천한 부동산 가격이 상승해야 한다고 생각한다. 또 부동산 전문가라는 자부심을 가지고 고난도의 틈새시장 상품과 우량한 부동산을 구입할 수 있게 도와주었으면, 구매자는 부동산 중개사에게 최소한의 예우를 해야 한다고 생각한다. 그 예우가 바로 추천받아 구입한 부동산을 다시 팔기 전 매매 시점을 상의하는 것이 아닐까. 아이러니한 것은 이 부부는 지난번 부동산처럼 황금알을 낳는 상품이 또 어디 없냐고 1년 넘게 나를 괴롭히고 있는 상황이라는 것이다.

tip 건물 리모델링이나 신축 시 주의 사항

지하 1층 1세대, 지상 1층 1세대, 지상 2층 1세대가 거주하는 3층짜리 건물의 리모델링이나 신축을 위해서는 3세대 모두 구입해야 해야 한다. 그런데 알박기 등으로 권리를 행사하려고 끝까지 집을 팔지 않는 사람이 간혹 있다. 그런 경우 전체 매매계약이 체결되지 않아 계획이 무효가 되거나, 장기간의 시간 싸움과 비용이 발생한다. 이런 문제점에 대비하기 위해서는 미리 매매 금액과 지불 조건 등을 충분히 협의한 후 가계약서를 작성해 매매 대금을 순차적으로 지불해야 한다.

4. 실투자금 4억 원으로
1년 만에 12억 원 남기고 팔아 실패한 부부
지금 당장의 이익에 만족하지 마라

단점투성이 부동산 정리해 대치동 빌딩 구입

실투자금 4억 원으로 구입한 부동산을 1년 만에 12억 원을 남기고 팔았다면 크게 성공한 재테크인데, 실패라니 무슨 말인가 싶을지도 모른다. 이 부부가 왜 실패한 사례자로 뽑혔는지 지금부터 차근차근 따져보자.

부부를 처음 알게 된 시점은 2007년 3월경이었다. 무역 회사를 35년 넘게 다니다가 은퇴를 앞둔 남편과 전업주부인 아내, 두 사람은 50대 후반의 동갑내기였다. 부부는 앞으로 은퇴하고 나면 수입이 줄어들 텐데, 그렇다고 씀씀이를 줄이기는 어려울 것 같아 고민이라며 어떻게 노후를 준비해야 하는지 물었다.

부부가 보유하고 있는 자산 규모는 다음과 같았다.

자산 종류	금액	부채
분당 아파트	6억 원	없음
일산 오피스텔	1억2,000만 원	전세 보증금 8,000만 원
강원도 횡성 임야	2억 원	없음
현금 및 금융 자산	3억 원	
총자산	12억2,000만-보증금 8,000만 원=11억4,000만 원	

부부의 자산을 평가해 평점을 계산해보았다.

자산 종류	구입 가격	현재 시세	보유기간	평점
분당 아파트	5억 원	6억 원	3년	50점
일산 오피스텔	1억1,000만 원	1억2,000만 원	13년	3점
강원도 횡성 임야	1억8,000만 원	2억 원	19년	1점

1. 분당 아파트

장점) 가격이 3년 만에 1억 원 정도 올랐다.

단점) 인기가 없는 대형 평형, 세대수가 적음, 남향이 아닌 서향 아파트

2. 일산 오피스텔

장점) 장점을 도저히 찾을 수 없다.

단점) 가격도 오르지 않았고 월세 수익도 없는 상태로 보증금만 빚진 셈인 오피스텔. 13년 전에 1억1,000만 원으로 다른 부동산을 구입했다면 최소 2배 이상은 올랐을 것이다.

3. 강원도 횡성 임야

장점) 본인 소유의 임야가 약 4,000m² 있다는 것에 만족하면 된다.

단점) 모든 것이 단점투성이다. 투자 지역도, 부동산 상품 종류도 최악이다. 임야치고 큰돈을 투자했지만 개발을 전혀 할 수 없는 산악지다. 국도변에 자리하나 서울양양고속도로 개통으로 국도의 하루 통행량이 1/10로 줄어든 상태. 단점을 더 쓰다가는 화가 날 것 같다.

4. 결론

– 분당에 있는 아파트를 팔아 4억 원대 중소형 아파트로 갈아탄다.

– 일산에 있는 오피스텔은 전세 끼고 구입하려는 사람에게 매매한다.

– 강원도 횡성 임야는 장뇌삼을 키우려는 사람에게 2억 원에 매매한다.

부부는 조언에 따라 부동산을 정리한 뒤 강남구 대치동에 위치한 빌딩을 구입했다. 구입한 대치동 빌딩의 개요는 다음과 같다.

소재지	서울시 강남구 대치동
대지 면적	약 240㎡
총면적	약 627㎡
층수	지하 1층~지상 6층
준공일	1990년 5월 12일
전체 보증금	2억 원
월 임대료	920만 원

부부가 대치동 빌딩에 투자한 금액과 구입 후 수익금은 다음과 같다.

매매가	20억 원
전체 보증금	2억 원(승계받음)
은행 대출금	14억 원
실투자금	4억 원
월 대출 이자	500만 원
월 임대료 순수익	420만 원

실투자금 4억 원으로 매달 임대료 총 920만 원을 받아 대출 이자 500만 원을 내고도 420만 원의 수익이 남는 강남 빌딩 구입에 성공한 것이다. 그런데 문제는 그다음이다. 부부가 1년 만에 구입한 가격보다 12억 원을 더 받고 빌딩을 판 것이다.

이 빌딩의 가격 동향을 분석해보았다.

이들 부부는 실투자금 4억 원으로 2007년 5월 매매가 20억 원에 대치동 빌딩을 구입해서 2008년 5월 1년 만에 32억 원에 매각해 12억 원(양도소득세 포함)의 시세 차익을 남겼다. 그리고 부부에게서 32억 원에 빌딩을 구입한 최 모씨는 2010년 1월 2년 만에 40억 원을 받고 되팔아 시세 차익 8억 원(양도소득세 포함)을 남겼다.

눈앞의 이익만 좇으면 망하는 부동산 투자

1년 사이에 12억 원이 올랐으면 한 달에 1억 원씩 올랐다는 말인데 왜 굳이 팔았을까? 그건 바로 실투자금 4억 원으로 1년 만에 12억 원의 이익을 거두었다는 기쁨에 들떠 정작 중요한 대목을 놓친 것이다. 대치동 빌딩을 계속 가지고 있었다면 현재 시세는 얼마 정도일까? 인근 빌딩 거래 가격을 참고해 대충 계산해봐도 75억 원은 족히 넘는다고 볼 수 있다.

더 중요한 사실은 장기 보유할수록 가격은 더 오르고 양도소득세 세율은 떨어지니 일거양득의 이득을 얻을 수 있다는 것. 적은 예산으로 어렵게 노후 대비용 빌딩 투자를 잘해놓고 어이없는 선택을 한 것이다. 나와 아무런 상의도 없이 빌딩을 매매한 것에 대해 쓴소리를 아낌없이 쏟아부었더니, 이들 부부는 오히려 자신들의 판단이 맞다고 주장했다.

10년이 지나 책을 쓰면서 문득 이들 부부의 현재 자산 형태가 궁금해졌다. 확인하고 싶은 마음에 직접 만나 2008년 이후 자산의 변동 사항에 대해 물었다. 그런데 대답을 듣고 깜짝 놀라고 말았다. 대치동 빌딩을 팔고 10년이라는 세월이 흘렀는데 총자산이 그대로 10억 원 정도라는 것이다. 게다가 10억 원 중에서 경기도 일대 재개발이 가능할 것 같은 곳에 6억 원을 투자했다가 재개발이 무산되는 바람에 팔리지도 않아 골칫거리라고 했다. 오히려 그 땅을 좀 팔아달라는 하소연에 어이가 없고 한심할 따름이었다. 실투자금 4억 원으로 1년 만에 12억 원의 시세 차익을 남기고도 부동산 투자에 실패한 부부. 이들을 보면서 다시 한 번 부동산을 보는 안목과 끊임없는 관심, 공부가 필요하다는 것을 느꼈다.

5. 집 4채 가진 빚 좋은 개살구 부부
지인 믿고 갭 투자 하면 패가망신한다

스포츠 동호회에서 만난 갭 투자 하는 부부

이번 사연은 책에 넣을까 말까 고민을 많이 했다. 그러다가 이런 사례를 사전에 예방하고, 독자들에게 무엇이 문제였는지 꼭 알려줘야 한다는 마음에 소개하기로 했다. 이 부부와는 처음부터 비즈니스 관계로 만난 것이 아니라, 같은 스포츠센터를 다니고 있던 분들이다. 스포츠센터 내 골프 동호회 정기 월례회에도 부부가 함께 참석하는 등 주변에서도 잉꼬부부로 통했다. 남편은 30년 넘게 몸담은 무역 회사에서 임원으로 근무하고 있으며 머지않은 은퇴에 대한 두려움으로 나에게 부동산 재테크와 관련한 자문을 얻기 위해 상담을 신청했다.

그런데 상담 중 부부의 부동산 재테크에 대한 관점과 소신을 들으며 순간적으로 소름이 돋는 느낌을 받았다. 바로 가장 위험한 투자 방법으로 부동산 재테크를 하고 있었기 때문이다. 친척 중에 누가 이러이러한 방법으로 이렇게 투자해 대박을 터트렸더라! 그래서 나도 그 사람 말을 무조건 믿고 투자를 한다는 식이었다. 그 이야기를 듣는 순간 어이가 없어 웃어야 할지, 무시를 해야 할지, 그것도 아니면 '은퇴 후 쫄딱 망하려고 작정을 하셨군요!'라고 호통을 쳐야 할지 망설여졌다. 그래도 오랜 기간 동호회 활동을 함께 한 정이 있어 일단 이들이 갭 투자를 한 부동산에 대해 들어봤다.

부동산 종류	매입 가격	전세 가격	실투자금
아파트	6억2,000만 원	4억 원	2억2,000만 원
아파트	4억1,000만 원	2억5,000만 원	1억6,000만 원
아파트	3억4,000만 원	2억1,000만 원	1억3,000만 원
빌라	2억7,000만 원	1억5,000만 원	1억2,000만 원
계	16억4,000만 원	10억1,000만 원	6억3,000만 원

이 정도 금액의 투자라면 갭 투자를 벗어난 투기에 가까운 위험한 상황이다. 서둘러서 팔아버리라고 권했으나 부부는 너무도 완강했다. 자신들의 투자가 옳다는 생각이 큰 나머지 팔지 않고 그대로 가지고 가겠다는 것이었다. 더 이상 말릴 수 없어 상담을 마쳤다. 시간이 지나고 2018년 3월부터 부부는 모임에 나오지 않았다. 크게 신경을 쓰지 않고 있던 중 이 부부와 친한 회원 한 분이 그들의 소식을 전해주었다. 놀랍게도 합의 이혼을 한 상태라고 했다.

문득 갭 투자가 문제가 된 게 아닐까 하는 생각이 뇌리를 스쳤다. 남편에게 전화를 걸어 어찌 된 일인지 물어봤다. 남편은 그렇지 않아도 만나서 상의하고 싶었으나, 아파트를 팔아 현금을 회수하라고 한 충고를 따르지 않아 미안해서 연락하지 못하고 있었단다.

전세가 하락으로 고금리 신용 대출까지

현재 이들 부부가 처한 상황은 다음과 같다.

부동산 종류	매입 가격	현재 매매 시세	전세 보증금	현재 전세 시세
아파트	6억2,000만 원	5억4,000만 원	4억 원	3억4,000만 원
아파트	4억1,000만 원	3억3,000만 원	2억5,000만 원	2억 원
아파트	3억4,000만 원	2억5,000만원	2억1,000만 원	1억6,000만 원
빌라	2억7,000만 원	2억1,000만 원	1억5,000만 원	1억1,000만 원
계	16억4,000만 원	13억3,000만 원	10억1,000만 원	8억1,000만 원

총 매입 가격	현재 매매 시세	손실 금액
16억4,000만 원	13억3,000만 원	3억1,000만 원

총 전세 보증금	현재 전세 시세	손실 금액
10억1,000만 원	8억7,000만 원	2억 원

부부의 노후는 물론 자녀들의 결혼까지 준비해야 하는 상황에서 갭 투자로 구입한 아파트와 빌라의 매매가가 하락했다. 이와 함께 전세 가격 또한 하락해 계약 만기일에 새로운 세입자에게서 받은 보증금에 2억 원을 더 보태 반환해야 하는 실정이었다. 결국 가지고 있는 패물을 팔고 예금, 보험, 펀드 상품을 다 해지하고도 모자라 높은 금리로 신용 대출을 받아 전세금을 반환해주었다고 했다.

이들 부부가 손실을 본 금액을 계산하면 집값 하락 3억1,000만 원 + 전세금 하락 2억 원 = 5억1,000만 원이다. 매달 높은 신용 대출 이자를 내며 힘든 생활을 하고 있다는 안타까운 이야기를 들으니 마음이 좋지 않았다.

갭 투자로 인생 역전은 위험한 발상

갭 투자는 전세 가격이 최소 집값의 70%를 넘어야 하는데 이 벽이 무너진 지 오래다. 이들 부부는 가지고 있는 부동산을 구입할 당시 가격보다 훨씬 저렴한 급매 가격으로 인근 공인중개사 사무소에 내놓았으나 보러 오는 사람이 하나도 없다면서 어떻게 하면 좋겠냐고 다시 한 번 하소연했다. 부부의 합의 이혼은 대출금과 전세금 반환으로 인해 법적인 문제가 발생할까 봐 해놓은 조치라고 했다. 게다가 결혼을 앞둔 딸에게 재산상 여력이 없어 도와주지 못한다고 했더니 3개월 넘게 말을 하지 않고 있다고 했다.

부동산 재테크 전문 지식이 없는 사람의 말만 믿고 30년 넘게 직장 생활을 하면서 알뜰살뜰 모은 종잣돈으로 일확천금과 인생 역전을 노린 것 자체가 큰 문제였다. 결국 이런 상황을 스스로 만들었다고 볼 수 있다. 자신이 처한 상황이 이들 부부와 비슷하다면 갭 투자 부동산을 하루빨리 처분하는 데 집중하는 것이 행복한 노후를 위한 최선의 선택이라고 생각한다.

전국 각지에 부동산 투자 지뢰 주의보!
잘못 투자하면 지뢰밭 위 부동산

높은 수익률만큼 위험성 높은 부동산 투자

지뢰밭이란 말 그대로 엄청난 위험이 도사리고 있는 곳이지만, 운이 좋으면 사고 없이 무사히 지나가게 된다. 반대로 운이 나쁘면 어떤 사태가 벌어질지 굳이 말하지 않아도 상상할 수 있을 것이다.

다음 중 나는 어디에 속하는지 살펴보자.

㉠ 나는 지금 지뢰밭 위에 있는 부동산을 소유하고 있는가?

㉡ 나는 지금 지뢰밭 위에 있는 부동산을 구입하려고 하는가?

㉢ 나는 행복한 노후와 자녀들의 미래를 위해 우량 부동산을 구입하겠다는 목표로 열심히 종잣돈을 모으는가?

㉣ 나는 지뢰밭을 운 좋게 통과한 지인의 정보를 바탕으로 부동산 정보를 모으는가?

㉤ 나의 부동산 투자 안목은 지뢰를 감지할 수 있는 탐지기 수준인가?

㉥ 나는 지뢰밭을 밟는 부동산 투자로 만신창이가 되어도 재기가 가능하다고 생각하는가?

너무 어렵고 두려운 내용이라고 생각하지 마시라! 부동산 투자는 목돈이 들어가는 만큼 큰 부자가 될 수도 있지만, 그만큼 위험 요소가 많은 상품이기 때문에 신중을 기해 제대로 투자하라는 것이다.

자, 그렇다면 이제부터 상상력을 끌어모아 역발상을 해보자! '위기(Crisis)는 곧 기회(Chance)'라는 말이 있다. 그러나 이 말의 뜻을 잘못 해석해 경기가 좋지 않은 지금이 부동산을 구입할 기회이니 나와 가족의 행복을 위해 당장 투자에 나서겠다고 생각하면 안 된다. 장기적인 불경기에 부동산 관련업 종사자들에게 자문을 받아 부동산을 구입해서 하루빨리 대박을 치겠다는 마음을 먹으면 큰일 난다. 큰돈 주고 폭탄을 구입하는 일과 마찬가지다. 부동산 재테크 기회는 늘 우리 주변을 맴돌고 있지만 대부분 '나에게는 기회가 오지 않아'라고 생각한다. 사실은 기회가 찾아와도 알아챌 안목과 지식이 없는 것이다. 현장에서 일하면서 다양한 사람들을 만나다 보면 지금 본인이 가지고 있는 부동산이 어떤 상황인지 모르는 사람도 많지만, 문제점을 알면서도 해결책을 모르는 사람이 비일비재하다.

부동산의 과거와 미래를 살펴보면 투자 위험성을 다시 한 번 감지할 수 있을 것이다.

· 1950~1959년 : 먹고살기 힘들어 부동산 투자는 사치
· 1960~1969년 : 부동산 투자 유망 지역에 지뢰 1~2개 매설
· 1970~1979년 : 경부고속도로 개통과 함께 지뢰 100~200개 매설
· 1980~1989년 : 86아시안게임, 88올림픽 등 지뢰 2,000~3,000개 매설
· 1990~1999년 : IMF로 전국 각지에 수많은 지뢰 매설
· 2000~2009년 : 2008년 글로벌 금융위기로 지뢰 5~10만 개 매설
· 2010~2019년 : 이제는 전국 각지에 부동산 투자 위험 지뢰가 얼마나 매설되어 있는지 통계를 낼 수도 없다. 이와 함께 현재 새롭게 개발한 세금 폭탄 지뢰가 곳곳에 설치되고 있다. 특히 지방에 더 많이 설치되고 있다고 생각한다.

경제력이 충분히 뒷받침되는 사람은 비행기를 타고 지뢰밭 위를 날아가면 되겠지만, 과연 그런 사람이 얼마나 존재할까? 이제는 인정할 건 인정하고 위험한 지역을 피하는 방법을 제대로 공부하는 것이 밝은 미래를 설계하는 데 도움이 될 것이다. 다소 과격한 표현의 제목과 내용일 수 있지만 그 정도로 신중하게 부동산 투자를 계획하라는 뜻으로 이해해주기 바란다.

PART 5

빌딩 샀다고 끝이 아니다!
부자 건물주 되는
노하우

1. 조물주 위에 건물주, 그 위에 세입자
빌딩 주인들 갑질하면 '공실' 생긴다

좋은 상권, 비싼 건물의 일등공신은 세입자

부동산 붐이 본격적으로 시작되고 신도시 등의 개발이 한창 진행되면서 매달 임대료를 꼬박꼬박 받는 건물주를 꿈꾸는 사람들이 늘어났다. 반면 건물주들이 갑질을 하면서 세입자들은 힘들게 돈을 벌어도 인건비와 임대료를 주고 나면 빠듯한 생활에 처하게 되었다. 오죽하면 조물주 위에 건물주라는 말까지 나왔겠는가. 하지만 이제 상황이 점점 달라지고 있다는 사실을 알아야 한다. 건물주들이 임대료를 올려 받을 목적으로 세입자에게 갑질을 했다가는 가장 큰 손실은 건물주의 몫이 될 것이다.

상권이 발달하고 땅값이 상승하는 데 가장 큰 역할을 하는 사람은 과연 누구일까? 그건 건물주가 아니라, 바로 능력 있는 세입자다. 세입자 덕분에 건물 가격이 오르지만, 가장 큰 수혜자는 건물주다. 상권이 좋아지면서 건물주는 땅값에 비해 임대료가 적다는 이유로 현 세입자를 내보내고 새로운 세입자에게 이전보다 적게는 5%에서 많게는 150%까지 임대료를 올려 받는 경우가 흔하다.

하나의 예로 강남구 압구정동, 일명 로데오거리를 이야기해보자. 이 지역은 2000년부터 2005년까지만 하더라도 3.3㎡에 1억 원이 넘는 지역이었다. 강남 부동산 가격 상승률을 고려하면 현재 가격은 3.3㎡에 최소 1억 5,000만 원에서 2억 원 정도로 올랐어야 하는데 여전히 1억 원 선이다. 특히 이 지역 건물에는 아직도 공실이 많다. 세입자를 찾지 못해 건물 전체

면적의 50% 이상을 채우지 못하고 10년 넘게 불만을 토로하는 건물주가 비일비재하다. 더구나 그 이유가 본인의 과욕 때문인 줄도 모르고 있는 답답한 건물주가 너무나 많다.

세입자가 떠나면 무너지는 상권

원인	결과
과다한 임대료 인상	땅값 상승만큼 임대료 인상 요구(세입자 실수익 최악)
세입자 권리금 거래 원천 봉쇄	영업이익은 있으나 초기 시설비 받지 못해 결국 본전인 셈
건물에 중복 업종 입점	세입자를 배려하지 않는 건물주로 인해 매출 하락
로데오거리 일방통행으로 변경	로데오만의 특색 있는 거리 풍경 실종
지하철 개통	차별화된 지역에서 개성 사라진 흔한 지역으로 전락

이런 이유로 로데오거리를 떠나 가로수길, 홍대 앞, 이태원, 양재천 인근 지역으로 이주하는 세입자가 많아졌다. 문제는 이 같은 악순환을 반복하는 지역이 1년이 멀다 하고 새롭게 생겨나고 있다는 것이다. 처음에는 공실 때문에 고생하다가 세입자가 들어오고 건물 주변 땅값이 오르면 압구정 로데오거리와 같이 갑질을 하는 건물주가 곳곳에서 나타난다. 그 후에는 어떤 결과물이 건물주에게 돌아갈까? 바로 공실이다. 가로수길, 홍대 앞, 이태원 등에서도 건물주의 갑질로 인해 세입자가 하나둘씩 떠나며 공실이 생겨나고 있는 현상을 곳곳에서 목격할 수 있다.

이제부터라도 '건물주 위에 세입자'라는 말을 마음속 깊이 새겨야 한다. 명절 때 세입자에게 과일 선물받을 생각을 하지 말고, 오히려 과일 바구니를 들고 찾아가 장사는 잘되는지 안부도 묻고 임대료를 밀리지 않고 내줘서 고맙다고 배꼽 인사라도 하는 것이 앞으로 공실 걱정 없는 빌딩 주인이 되는 올바른 자세가 아닐까 생각한다.

2. 누이 좋고 매부 좋은 렌트프리
임대료 할인보다 렌트프리를 활용하라

공실이 3개월 이상 지속되던 빌딩

빌딩을 구매하려는 사람들은 대개 우량하고 예쁜 빌딩을 찾아내기 위해
수차례 공인중개사 사무소를 방문하고 직접 현장을 답사하는 등 열심히
발품을 팔아 100%까지는 아니더라도 80~90% 만족시키는 빌딩을 발견하
면 매매계약을 체결한다. 그런데 정작 가장 중요한 세입자 업종과 임대료
에는 무관심한 빌딩 구매자를 자주 본다. 세입자 업종은 건물의 가치를 평
가하는 기준이 되고, 월 임대료는 건물 가격 평가에 결정적 역할을 하는
중요한 요소인데 말이다. 현재 빌딩을 보유하고 있거나, 아니면 머지않아
빌딩 주인이 될 사람이라면 반드시 기억해야 할 중요한 내용이니 형광펜
으로 밑줄을 쫙 그어놓기를 바란다.

이번에는 서울시 송파구 방이동에 거주하는 60대 중반의 K씨가 소유한
강남구 논현동의 빌딩 이야기를 해보려 한다. 우량한 세입자에게 렌트프
리(Rent-free)를 제공해 빌딩 가치를 상승시킨 사례다. 렌트프리란 세입
자에게 일정 기간 월 사용료를 받지 않고 공짜로 공간을 빌려주는 임대 형
태를 의미한다.

K씨는 1층에 삼겹살구이를 파는 음식점이 자리한 빌딩을 42억 원에 구
입했다. 매입 당시 빌딩 개요는 다음과 같다.

소재지	서울시 강남구 논현동
위치	지하철 7호선 학동역 인근
대지 면적	약 268㎡
총면적	약 597㎡
준공 연도	1991년
충수	지하 1층~지상 4층
매매가	42억 원
전체 보증금	2억 원
월 임대료	900만 원
은행 대출금	31억 원
소유권 이전 비용	2억 원
실투자금	11억 원

K씨의 실투자금은 11억 원으로, 부족한 자금은 제1금융권 은행에서 대출을 받았으며, 대출 이자는 빌딩에서 나오는 월 임대료로 대체하는 상황이었다. 논현동 빌딩을 구입할 당시 이곳의 세입자 업종과 임대료는 어떠했는지 살펴보자.

충수	업종	보증금	월 임대료
지하 1층	스튜디오	2,000만 원	200만 원
지상 1층	음식점	5,000만 원	300만 원
지상 2층	사무실	3,000만 원	200만 원
지상 3층	주택	5,000만 원	100만 원
지상 4층	주택	5,000만 원	100만 원
합계		2억 원	900만 원

K씨가 빌딩을 구입하고 약 2개월이 지나 임대차 계약 기간이 끝난 시점에 1층 음식점 세입자가 나가는 바람에 공실 기간이 3개월 이상 지속되었

다. 물론 그사이 입점하겠다는 사람도 있었다. 하지만 세입자는 월 임대료를 내려달라고 했고, 빌딩 주인 K씨는 업종도 마음에 들지 않는데 임대료까지 깎아주면서 세입자를 들이고 싶지는 않았다. 이런 의견 차이로 공실이 지속된 것이다.

건물주와 세입자를 동시에 만족시키는 렌트프리

이때 내가 제시한 해법이 바로 주인 K씨는 공실을 없애면서도 월 임대료를 올려서 받고, 세입자는 임대료를 할인받는 렌트프리였다. 상식적으로 앞뒤가 맞지 않는 이해할 수 없는 방법이라고 생각할 것이다. 하지만 곧 이해가 될 것이다. 렌트프리는 양측의 고민을 유쾌·상쾌·통쾌하게 없애주는 해결책이었다.

□ 빌딩 주인 K씨가 먼저 알아야 할 내용

이전 월 임대료	300만 원
현재 공실 기간	3개월
손실 임대료	900만 원
예상 공실 지속 기간	3개월
총 손실 임대료	1,800만 원

※ 빌딩 주인 K씨 입장에서는 앞으로 공실이 3개월 더 지속된다면 1,800만 원의 손실이 생긴다. 지금 K씨 마음에 드는 업종에 원하는 임대료를 지급하겠다는 세입자가 있어 임대차 계약을 체결한다고 가정해보자. 하지만 임대료는 세입자가 잔금을 치른 뒤에 발생하니 공실은 최소 5~6개월 더 지속된다고 봐야 한다. 이렇듯 빌딩 주인 K씨의 임대료 손실은 계속 늘어날 것이다.

□ 세입자가 먼저 알아야 할 내용

이전 월 임대료	300만 원
세입자 희망 임대료	270만 원
할인 임대료	30만 원
임대 계약 기간	24개월
총 할인 임대료	720만 원

※ 세입자 중에는 가게 오픈일부터 최소 3개월에서 1년까지는 적자가 날 각오를 하고 장사를 시작하는 사람이 많다. 아무래도 초반에는 홍보, 직원 교육 등의 부수적 비용이 발생하고 뜻하지 않은 시행착오도 겪게 되기 때문이다.

□ 내가 제시한 해결 꿀팁

임대차 계약 임대료	월 350만 원
세입자 요구 할인 총액	월 30만 원×24개월=720만 원
실제 할인 총액	350만 원×5개월(렌트프리)=1,750만 원
렌트프리로 발행한 세입자의 추가 이익 금액	1,030만 원

※ 꿀팁의 결론은, 빌딩 주인 K씨는 공실 때문에 힘들어하지 않아도 되고 월 임대료가 300만 원에서 350만 원으로 오르면서 빌딩 자산 가치도 자연스럽게 상승했다. 또한 세입자는 임대차 계약 기간 2년 중 렌트프리 기간인 5개월 동안 임대료 총 1,750만 원을 지불하지 않아도 되기 때문에 어려움이 많은 초기 영업의 부담감을 덜 수 있다. 이전 임대료에서 월 30만 원씩 2년 동안 720만 원을 할인받는 것보다 월 임대료는 350만 원으로 올랐지만 창업 초기 임대료 부담을 덜어 실패 확률은 낮추는 것이 성공적인 가게 운영에 더 도움이 될 것이다.

건물주와 세입자 모두 같은 하늘 아래 같은 시간 속에서 살고 있다. 그런데 왜 세입자에게는 임대료를 내야 하는 날이 그리도 빨리 오고, 건물주에게는 월 임대료를 받는 날이 그리도 천천히 오는 것일까? 참으로 아이러니한 일이다. 공실이 지속되면 건물주는 월 임대료를 못 받는 것은 물론 빌딩과 관련한 모든 공과금까지 납부해야 한다. 하지만 렌트프리 조건으로 임대를 한다면 중장기적으로 공실 리스크를 없앨 수 있다. 세입자에게도 렌트프리는 짧게는 1개월에서 길게는 1년까지 임대료 걱정 없이 영업할 수 있다는 큰 장점이 있다.

그렇다면 렌트프리가 아니라 임대료를 깎아준다면 어떨까? 월 임대료에 따라 빌딩 가격이 평가되기 때문에 부동산 가치 하락이라는 문제점이 발생할 수 있다. 예를 들어, 강남 빌딩 연평균 수익률이 3% 미만임을 감안한다면 월 임대료를 50만 원만 깎아줘도 대략 1억5,000만 원의 빌딩 가격 손실이 발생한다고 보면 된다. 공실이 장기화된 빌딩이라면 당연히 저평가받을 수밖에 없을 것이다.

| tip | 빌딩 재테크 고수들은 어떤 빌딩을 구입할까? |

번호	내용	만족도
1	공실 많은 빌딩	★★★★☆
2	관리가 소홀한 빌딩	★★★★☆
3	리모델링이 가능한 빌딩	★★★★★
4	월 임대료가 낮은 빌딩	★★★★☆
5	시세보다 싸게 나온 빌딩	★★★★★
결론	공실이 많고 임대료가 낮은 빌딩을 간단한 리모델링을 통해 공실을 없애고 정상적으로 월 임대료를 받을 수 있게 만든다면 자연스럽게 빌딩 가격은 상승할 것이다.	

3. 팔 계획이 없는 건물도
부동산 시장에 내놓아라
나의 부동산 가격을 스스로 체크하라

건물을 공인중개사 사무소에 매물로 내놓아라

제목만 보면 이해가 안 가겠지만, 내가 25년 넘게 부동산 시장에서 발로
뛰며 얻은 노하우라는 점을 알고 내용을 살펴본다면 많은 도움이 될 것이
다. 우량하고 건강한 건물을 구입하는 몇 가지 원칙이 있다. 먼저 구입하
려는 건물의 가격이 시세와 같은지, 시세 이하인지, 아니면 시세보다 비싼
지 분석해야 한다. 또 건물 매매 거래가 활발한 지역인지 알아봐야 한다.
거래가 활발한 지역의 건물이어야 가격이 오를 가능성이 높으며, 피치 못
할 사정으로 급매를 해야 할 때도 제값을 받을 수 있고 매매도 쉽게 이루
어지기 때문이다.

그런데 이에 앞서 더욱 중요한 것은 무엇일까? 부동산을 평생 팔지 않
고 대대손손 물려준다는 생각으로 큰돈을 들여 구입하는 사람은 거의 없
을 것이다. 부동산은 팔고 싶을 때 쉽게 제값을 받고 매매하는 것이 매우

중요하다. 그러기 위해서는 부동산 시장 상황과 시세 변화를 정확히 알아야 한다. 즉, 건물을 여러 공인중개사 사무소에 매물로 내놓아 구매 희망자가 나설 때마다 수시로 시세 변화 동향을 체크하라는 뜻이다. 특히 공인중개사 사무소 한 곳에 건물을 내놓기보다 최대한 여러 곳에 내놓았을 때 쉽게 본인이 만족할 만한 가격에 매매되는 것을 자주 목격했기 때문이다. 부동산 중개업을 하는 사람들 입장에서 보면 신의 · 성실 · 상도에는 조금 어긋나는 것이 사실이지만, 건물주로서는 좋은 가격에 제때 매매하는 것이 가장 중요하기 때문이다.

건물 가격을 지속적으로 모니터링하라

예를 하나 들어보겠다. 내가 13년 전부터 상담을 하면서 빌딩을 열두 번 구입해주고, 아홉 번 처분해준 L대표가 있다. L대표를 좋아하는 이유는 돈이 많아서도, 주 고객이어서도 아니다. 비록 나보다 20살 이상 나이가 많지만 나의 말을 전문가의 조언으로 여기며 귀담아듣고 온전히 습득하려는 마음가짐 때문이다. L대표와 나는 지금까지 13년 넘게 관계를 이어오며 비즈니스 만남 외에는 단 한 번도 사적으로 만나지 않았을 정도로, 어떻게 보면 서먹하다고 할 수도 있는 사이다.

L대표는 이전에는 인테리어 회사를 운영했지만 지금은 빌딩 12채를 구입하고 9채를 처분한 후 남은 3채의 임대료를 받고 있는 전형적인 임대업자다. 13년 전 처음으로 부동산 투자를 시작했을 때 L대표의 여유 자금은 2억7,000만 원 정도였다. 그런데 순진하다고 느껴질 만큼 내 이야기를 한결같이 믿고 따랐다. 프로는 자신의 의견을 존중해주는 고객에게 충성을 다하는 경향이 있는데, 그 대표적인 사람이 바로 나다.

2005년 L대표와의 첫 거래는 다음과 같았다.

부동산(다가구주택) 개요

소재지	서울시 강남구 논현동
매매가	6억7,000만 원
전체 보증금	3억1,000만 원
월 임대료	108만 원

구입 예산 내역

매매가	6억7,000만 원
소유권 이전 비용	1,400만 원
전체 보증금	3억1,000만 원
은행 대출금	1억2,000만 원(월 이자 35만 원)
실투자금	2억5,400만 원

구입 후 가격 상승 동향

보유 기간	시세	결과
6개월	7억9,000만 원	다가구 매매 동향 체크(보류)
12개월	8억5,000만 원	아내 반대로(보류)
18개월	11억 원	아들 증여 고민으로(보류)
24개월	16억 원	매수자의 현 세입자 명도 요구로(거절)
30개월	19억5,000만 원	양도소득세 과다(보류)
34개월	24억3,000만 원	갈아타는 시점이라 판단(매매)

투자 결과

구입 금액(소유권 이전 비용 포함)	6억8,400만 원
실투자금(세입자 보증금+대출금 공제)	2억5,400만 원
34개월 후 매각 금액	17억4,600만 원(월 5,135만 원 상승)
매매 차익금(양도세 포함)	17억4,600만 원

이제 정리를 해보자. L대표가 강남구 논현동 다가구주택을 구입하고 34 개월 후 처분 시점에 공인중개사 사무소에 매물로 내놓았다면 과연 시세 인 24억3,000만 원에 매매를 할 수 있었을까? 그렇지 않았을 확률이 높 다. 무슨 뜻이냐 하면 다가구주택을 구입할 때 실제 투자한 돈은 전체 매 매 금액에서 세입자 보증금과 은행 대출금을 공제한 2억5,400만 원이다. 그렇다 보니 16억 원 정도에 매매를 해도 많은 시세 차익을 얻었다고 생각 했을 것이다. 실제로 이렇게 생각하면서 부동산 매매 계약서에 서명하는 사람이 비일비재하다. 그런데 L대표는 나의 조언대로 논현동 다가구주택 을 구입한 6개월 뒤부터 공인중개사 사무소에 매물로 내놓았고, 해당 주택 을 구입하겠다는 사람이 나설 때마다 구입 가격을 지속적으로 모니터링했 다. 그 결과 본인이 현재 진행 중인 거래의 매매 금액이 현실적인 가격인 지 아닌지를 쉽게 판단할 수 있었던 것이다.

같은 부동산업에 종사하는 공인중개사들에게는 미안하고 애석한 마음 을 가질 수밖에 없다. 공인중개사 사무소는 부동산 계약이 이루어지기 전 에는 어떠한 수입도 발생하지 않기 때문이다. 계약을 체결하지 못하면 수 입이 없다는 뜻이다.

L대표는 논현동 다가구주택 매매를 성사시키지 못한 공인중개사들에게 어떻게 했을까? 과부 사정은 홀아비가 잘 안다고, 공인중개사 마음은 내가 잘 알기에 L대표에게 그동안 매매해주려고 고생한 담당 직원들에게 작은 선물 등으로 고마운 마음을 표현하라고 조언했던 것이 기억에 남는다.

공인중개사 사무소와 친분 쌓고 인터넷 활용해 가격 확인하라
본인 소유의 빌딩을 중심으로 사방 진입로 가까이에 위치한 공인중개사 사무소와 친분을 쌓는 것 또한 여러 가지로 도움이 된다.

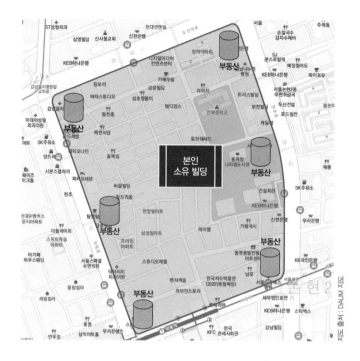

지도 출처 : DAUM 지도

또 인터넷을 통해 보유하고 있는 빌딩 시세나 주변 부동산 거래 동향의
변화를 손쉽게 체크할 수도 있다.

① 국토교통부 실거래가 공개 시스템 접속

② 본인이 소유한 빌딩 블록 클릭

③ 인근 부동산 매매 가격 확인

빨간색 선 안을 확인하면 본인이 소유한 부동산의 인근 빌딩들이 제곱미터당 얼마에 팔렸는지 알 수 있다.

이보다 좀 더 자세히 알고 싶다면, 대법원 웹사이트(www.scourt.go.kr)에서 등기부등본을 열람하면 된다. 누가, 언제, 얼마에, 대출은 얼마를 받아 거래를 했는지 모두 확인할 수 있다. 이렇게 1개월에 1회씩 인근부동산의 매매 동향을 체크하면 많은 도움이 된다. 내 빌딩 가격이 평균 1개월에 얼마씩 오르고 있는지, 어느 회사에서 인근의 빌딩을 사들이고 있는지 확인하는 것만으로도 언제 팔아야 할지, 아니면 앞으로 얼마나 더 보유해야 할지 판단할 수 있을 것이다.

4. 180억 원 빌딩, 재산 분쟁으로 4년간 공실 사연
빌딩 공동소유 시
합의서 작성하고 공증 받아라

어머니와 네 자녀 공동소유의 180억 원 짜리 빌딩

부동산업에 종사하다 보니 정말 다양한 사례를 보게 된다. 부동산에 투자하려는 사람들은 좋은 빌딩을 구입하기 위해 많은 노력과 연구를 한다. 그런데 정작 중요시해야 할 대목을 놓치고, 그다지 중요하지 않은 것에 목숨을 거는 사람을 자주 목격한다. 누구나 A급 빌딩을 구입하는 일이 우선이라는 것은 알고 있다. 하지만 그 구입한 빌딩의 소유권을 누구 앞으로 할 것인가에 대한 생각은 부족하다. 부동산을 공동소유로 구입한다든지, 또는 나이 많은 부모님 단독 명의로 소유권을 이전했다가 나중에 상속이나 증여 등의 문제로 분쟁이 발생하는 경우가 많다는 것이다. '부부끼리라도 동업은 절대 하지 마라!'는 말이 있다. 그만큼 가까운 사이일수록 의견이나 성격 차이로 다툼이 생길 여지가 많다.

강남구 청담동에 위치해 시세만 해도 180억 원이 넘는 빌딩이 가족 간의 재산 분쟁으로 인해 4년 넘게 공실로 방치될 수밖에 없었던 사연을 소개한다. 결국 이 가족은 나의 중재를 받아 법적 분쟁을 없애는 조건으로 간신히 빌딩을 팔았다.

소유권 이전일	소유자	지분
1983년	김ㅇㅇ(아버지)	100%
2012년(사망)	김ㅇㅇ	
2013년(협의 분할 상속)	최ㅇㅇ(배우자)	20%
2013년(협의 분할 상속)	김ㅇㅇ(첫째 아들)	30%
2013년(협의 분할 상속)	김ㅇㅇ(둘째 아들)	20%
2013년(협의 분할 상속)	김ㅇㅇ(첫째 딸)	15%
2013년(협의 분할 상속)	김ㅇㅇ(둘째 딸)	15%
합계	어머니 외 2남 2여	100%

청담동 빌딩의 소유권자인 아버지가 사망하면서 어머니가 주도해 본인 지분 20%, 큰아들 30%, 둘째 아들 20%, 첫째 딸과 둘째 딸은 각각 15%씩을 협의 분할 상속으로 소유권을 이전했다. 분쟁의 시작은 그때부터였다. 어머니는 아들들이 집안을 이어가는 중요한 사람이라고 생각하고 있었다. 출가한 딸들에게는 지분을 작게 주면서 모녀지간의 갈등에 골이 깊어지기 시작한 것이다.

〈강남구 청담동 빌딩 개요〉

소재지	서울시 강남구 청담동
대지 면적	약 727㎡
총면적	약 2,017㎡
층수	지하 1층~지상 7층
준공 연도	1998년
시세	180억 원

이들 가족은 졸지에 이산가족 아닌 이산가족이 되어버렸다. 재산 분쟁으로 인해 세 팀으로 갈라진 것이다.

1. 어머니와 큰아들(똘똘 뭉침)

2. 둘째 아들(큰형보다 지분을 10% 적게 받아서 서운함)

3. 큰딸과 둘째 딸(아들들보다 지분을 적게 받아서 더 서운함)

그래서 이들은 서로 얼굴을 맞대는 것은 물론 전화 통화조차 꺼리는 상황이었다. 더구나 공인중개사 사무소에서 빌딩 전체를 사용하겠다는 임차인(세입자)이 있으니 임대차 계약을 체결하자고 제안을 해도 어머니와 큰아들, 둘째 아들, 딸 둘 간의 의견이 달라 성사되지 않았다. 결국 공실 걱정 없이 매월 임대료를 받을 수 있는 매우 우량한 빌딩임에도 불구하고 서로의 나쁜 감정 때문에 임대를 주지 않아 공실이 지속되는 안타까운 상황이었다.

4년간의 공실로 31억 원 손실

그렇다면 가족 간의 분쟁으로 빌딩의 공실이 4년 넘게 지속되면서 임대료를 받지 못해 발생한 손실이 어느 정도인지 계산해보자.

전체 보증금	8억 원
월 임대료	6,500만 원
손실액	6,500만 원×48개월=31억2,000만 원

4년 동안 받을 수 있는 임대료 총 31억2,000만 원을 놓친 것이다. 이들 가족 각각의 지분율에 따른 손실액도 계산해보았다.

지분권자	손실 금액	지분율
어머니	6억2,400만 원	20%
첫째 아들	9억3,600만 원	30%
둘째 아들	6억2,400만 원	20%
첫째 딸	4억6,800만 원	15%
둘째 딸	4억6,800만 원	15%
합계	31억2,000만 원	100%

결과적으로 보면 가족 간의 감정과 재산 싸움 때문에 4년 동안 공실이 생겼고, 이로 인해 받지 못한 임대료가 강남에 있는 빌딩 한 채를 구입할 수 있을 정도의 어마어마한 금액이라는 것이다.

마지막에는 이 청담동 빌딩을 매매하면서 웃지 못할 상황이 연출되기도 했다. 빌딩 매매를 할 때는 파는 사람(매도자), 사는 사람(매수자)이 공인 중개사 사무소에 함께 자리해 동시에 계약서에 서명을 하고 계약금을 주고받는 것이 관례다. 이들 가족은 서로 얼굴을 보기조차 싫다면서 어머니와 큰아들은 공인중개사 사무소에서, 둘째 아들은 인근 커피숍에서, 딸 둘은 또 다른 커피숍에서 각각 계약서에 서명한 것이다. 사옥을 신축할 목적으로 180억 원짜리 빌딩을 산 매수자는 이 가족들의 상황을 보고는 자신의 자녀들도 저렇게 되면 어쩌나 하는 걱정까지 했다는 후문이다.

공동소유 전 합의서 작성 후 공증 받는 것이 바람직

부동산을 공동 구입하는 경우 자주 발생하는 문제는 대개 공동소유자들이 부동산을 처음 살 때와 마음이나 상황 등이 달라지면서 생긴다. 즉 개인별 자산 변화, 성격, 주변의 조언 등으로 인해 분쟁이 시작된다. 예를 들면 공동소유권자 4명 중 2명은 팔고 싶고, 1명은 팔아도 그만 안 팔아도 그만이고, 나머지 1명은 팔기 싫은 경우가 생길 수 있는 것이다. 이렇게 서로의 생각이 다르다 보니 부동산을 팔아서 자금을 활용하고 싶은 사람은 답답할 뿐이다. 그런 상태에서 빌딩을 임차하겠다는 사람이 나선다면 어떤 상황이 벌어질까. 빌딩을 팔기 싫은 사람은 임대를 놓자고 하고, 팔기를 원하는 사람은 보복이라도 하듯 임대는 절대 주지 않을 것이니 그냥 비워두라고 하는 등 감정의 골은 점점 더 깊어질 것이다. 이런 문제를 사전에 막으려면 먼저 공동소유와 관련한 합의서를 작성하고 반드시 공증을 받아야 한다. 합의서에는 다음과 같은 내용을 넣는다.

1. 공동으로 관리하기로 한다.

2. 부동산의 매달 임대료는 2개월에 1회씩 정산하기로 한다.

3. 빌딩 관리에 필요한 모든 비용은 지분율로 나누어 분담한다.

4. 빌딩 매매는 구입 당시보다 가격이 1.5배 이상 오르고 공동소유권자 50% 이상의 동의가 있을 때에 한다.

5. 임대료 정산금 중 10%는 건물 수리비와 A/S 비용으로 적립한다.

180억 원짜리 공동소유 빌딩을 둘러싼 가족 간의 분쟁을 보면서 과연 돌아가신 아버지는 이런 불상사가 일어날 것을 상상이나 했을까 하는 생각이 들었다. 이럴 바에는 차라리 재산이 없는 것이 속 편할지도 모른다. 만약 아버지가 미리 청담동 빌딩을 처분해 배우자와 자녀들에게 각각 현금으로 증여하거나 꼬마빌딩을 각각 개인 명의로 사주었다면 이런 사태를 막을 수 있지 않았을까? 나도 아들만 셋인지라 지금부터 교통정리를 잘해야겠다는 다짐을 했다.

5. 220억 원 빌딩이 10년 만에
880억 원으로 4배 상승
빌딩 팔고 싶어도 꾹 참아라

안정적인 임대료를 원해 역삼동 빌딩 구입한 K씨

이번 사연의 시작은 IMF 시기로 거슬러 올라간다. K씨는 1997년 당시 7억여 원을 투자해 경기도 화성시에 있는 토지를 구입했다. 10여 년이 흐른 2006년, 그곳에 대단위 신도시가 건설되고 K씨는 150억 원이 넘는 토지 보상금을 받았다. 안정적으로 임대료가 나오는 빌딩을 구입하고 싶다며 상담을 의뢰해온 K씨에게 나는 강남 지역의 빌딩을 소개했다.

소재지	서울시 강남구 역삼동
대지 면적	약 1,024㎡
총 면적	약 1만6,360㎡
층수	지하 7층~지상 17층
용도지역	상업지역
용도	업무 시설
구조	철근콘크리트조
주차	75대

해당 빌딩을 구입할 당시 개인과 법인까지 모두 세 곳에서 사겠다고 나섰다. 빌딩 주인은 잔금을 가장 빨리 지불하는 사람에게 팔겠다는 조건을 내세웠고, K씨는 1개월 내에 잔금을 치르고 빌딩의 새로운 주인이 되었다.

빌딩 구입 비용과 임대 내역은 다음과 같다.

매매가	220억 원
소유권 이전 비용	10억 원
전체 보증금	24억 원
월 임대료	8,200만 원
은행 대출금	142억 원(변동금리 2.4%/월 이자 2,840만 원)
월 임대료 실수익	8,200만 원-2,840만 원=5,360만 원
실투자금	64억 원

K씨는 실투자금 64억 원을 들여 강남구 역삼동에 있는 220억 원 상당의 빌딩을 구입했다. 매월 세입자들로부터 받는 월 임대료에서 대출 이자를 공제하고도 5,360만 원이 남는 정말 훌륭한 부동산 투자였다. 또한 경기도 화성시의 토지 보상금 150억 원을 모두 사용하지 않고 86억 원의 여유 자금을 남겼으니, 나 스스로도 '훌륭한 작품'이라는 생각이 들 만큼 성공적인 재테크였다. 잔금을 치르던 날, 빌딩을 구입한 K씨와 기분 좋게 술을 한잔했던 기억도 난다. 이때까지만 해도 의형제처럼 지내는 정말 좋은 관계였다.

사건의 발단은 6년 후인 2013년에 시작됐다. K씨는 인근 공인중개사 사무소로부터 6년 전에 구입한 자신의 역삼동 빌딩을 전체 사옥으로 사용하고 싶어 하는 매수 희망자가 있다는 연락을 받았다며 어떻게 하는 것이 좋겠냐고 나에게 물었다. 이런 질문을 받을 때마다 나는 항상 반문한다. "혹시 지금 당장 빌딩을 팔아야 할 만큼 돈이 급하게 필요한가요?" 급하게 돈이 필요해서 빌딩을 처분해야 한다면 당장이라도 팔아야 할 것이다. 그런데 그저 본인이 구입했을 때보다 가격을 높게 쳐준다는 말에 덥석 팔아버리는 경우를 자주 목격하곤 한다. 급하게 팔아야 할 이유도 없고, 급하게 필요한 돈도 없는데 무턱대고 빌딩을 파는 것은 정말 답답한 일이다. 나는 K씨에게 '팔지 말고 더 가지고 있으면 가격이 더 오를 호재가 많은 곳'이라고 했으나, 그는 본인의 생각대로 빌딩을 팔고 말았다. 화가 머리끝까지 났지만, 이미 엎질러진 물이었다.

10년을 못 참아 880억 원 빌딩 주인 될 기회를 잃다

역삼동 빌딩의 시세 차익과 실수익금을 정리하면 다음과 같다.

매입 가격	220억 원
매입 연도	2007년

매도 가격	510억 원
매도 연도	2013년

시세 차익	290억 원
보유 기간	6년(72개월)
월 가격 상승분	4억200만 원
연 가격 상승분	48억3,000만 원
총 임대료 수익금	38억6,000만 원

그럼 정리해보자. 현금 64억 원을 투자해 6년 만에 시세 차익 290억 원에 임대료 수익금 38억6,000만 원을 거두었으니 실수익은 총 328억6,000만 원인 셈이다. 비록 이 금액에는 양도소득세가 포함되어 있기는 하지만. 그러나 빌딩 가격이 오르지 않아 양도소득세를 조금 내는 것보다는 가격이 많이 올라 많이 내는 것이 좋지 않겠는가!

여기까지만 보면 매우 성공한 빌딩 투자다. 문제는 이 빌딩이 2016년 8월에 또다시 804억 원에 매매되었다는 것이다. 2013년 K씨로부터 510억

원에 구입한 사람은 단 3년 만에 무려 294억 원이라는 시세 차익을 거두었으니, 빌딩의 가격 상승은 놀랄 만하다. 그런데 여기서 또 한번 놀랄 일은 2018년 현재 880억 원 정도의 평가를 받는 몸값 높은 귀하신 빌딩이 되었다는 것이다. K씨가 지금까지 빌딩을 팔지 않고 가지고 있었다면, 10년만 꾹 참았다면 660억 원이라는 엄청난 가격 상승의 행운을 맛보았을 것이다. 그러니 내가 화가 치밀고 울화통이 터지지 않겠는가! 모든 부동산은 잘 사는 것으로 끝이 아니다. 잘 팔아야 한다. 팔아야 할 시기를 반드시 전문가에게 물어보고 상의해야 한다. 그만큼 파는 것이 훨씬 더 중요하다고 할 수 있다. 앞으로도 K씨와는 예전의 관계를 회복하기가 쉽지 않을 것 같다.

내 빌딩, 과연 언제 팔아야 할까?

    부동산의 종류와 지역에 따라 다르지만, 빌딩은 대부분 지속적으로 가격
이 오른다고 볼 수 있다. 그렇다면 팔지 않고 계속 소유해야 할까? 그렇지
않다. 적당한 시기에 파는 것이 사는 것 못지않게 중요하다.

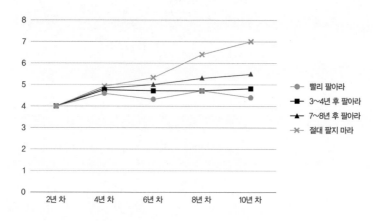

    이 그래프는 빌딩마다 제각각인 가격 상승 속도와 폭을 나타낸 것이다.
그중 본인이 소유한 빌딩은 어디에 속하는지 판단해야 한다. 즉 가격이 꾸
준히 오르는 빌딩은 절대 팔지 말아야 한다. 장기간 보유할수록 시세 차익
은 커지고, 양도세는 인하되기 때문이다.
    그렇지만 가격이 그다지 오르지 않는 빌딩은 과감히 팔고 가격 상승 여지
가 많은 지역으로 옮겨 타는 것이 바람직하다.

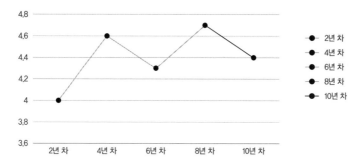

빨리 팔아라

빌딩을 구입한 뒤 4년 차까지는 가격이 꾸준히 상승했으나 그 이후부터는 상승과 하락을 반복하는 모습을 보이고 있다. 가격이 상승한 4년 차, 8년 차에 팔았어야 했는데, 매매 시점을 놓쳤다고 볼 수 있다.

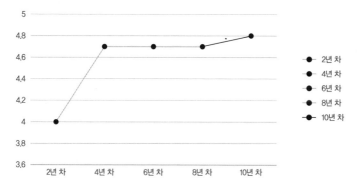

3~4년 후 팔아라

빌딩 구입 4년 차까지 가격이 가파르게 상승했다. 그러나 이후부터는 가격 상승이 정체된 모습을 보인다. 이런 경우 그동안 가격이 올랐다 해도 정체 시점인 5~6년 차에는 매매가 쉽게 이루어지지 않는다. 왜냐하면 부동산을 구입하려는 사람 또한 가격이 오를 지역에 투자하기를 원하기 때문이다. 계속 가격 상승을 기다리기보다는, 차라리 가격이 가파르게 오르는 시점인 3~4년 차에 다음 사람에게 넘기는 것이 좋다. 혼자서 계속 달리려 하지 말고 지쳤을 때 다른 사람에게 배턴 터치를 하는 것이다.

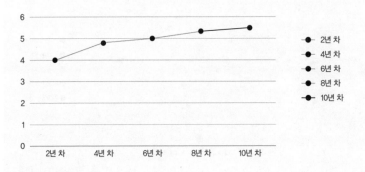

7~8년 후 팔아라

2~4년 차에 가격이 크게 오른 이후 작은 폭으로 꾸준히 상승하는 모습이다. 안정적인 빌딩이지만 가격 상승 효과가 점점 힘에 부치는 느낌이 든다. 7~8년 차에 처분해 가격 상승 여지가 높은 빌딩으로 갈아타야 한다.

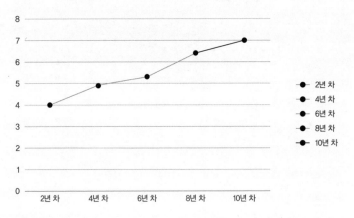

절대 팔지 마라

모든 부동산 투자에서 가장 이상적인 그래프라고 볼 수 있다. 부동산 경기가 좋을 때는 가격이 빠르게 오르고, 부동산 경기가 좋지 않은 시점에도 어느 정도 상승 폭을 유지하며 꾸준히 오르고 있다. 사업 자금 등 갑자기 현금이 필요한 경우가 아니라면 인내하면서 가격이 오르는 기쁨을 즐기는 것이 좋다. 이런 빌딩은 자녀에게 상속이나 증여를 해야 할 정도로 매우 우량한 부동산 자산이라고 봐야 한다.

PART 6

정부의 부동산 규제 정책에도 끄떡없는 부동산 투자

1. 현 정부의 부동산 정책 간단 브리핑
대출 규제, 아파트로 돈 버는 시대 종말

부동산 정책의 흐름을 역행하지 마라

부동산 투자자라면 항상 염두에 두어야 할 중요한 원칙이 있다. 정부의 부동산 정책에 역행하지 말고 흐름을 빨리 받아들이고 따라야 한다는 것이다. 이를 위해서는 이전 정부의 부동산 정책 또한 이해해야 한다. 노무현 정부를 시작으로 현 정부까지의 부동산 정책을 간단히 분석해보았다.

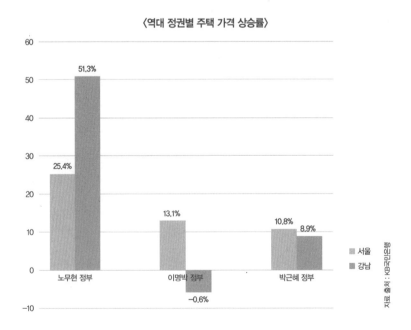

〈역대 정권별 주택 가격 상승률〉

자료 출처 : KB국민은행

■ 노무현 정부 : 각종 규제 강화

노무현 정부 부동산 정책

정책 발표 일자		주된 내용
2003년	10월 29일	종합부동산세 도입, 다주택 양도세 강화, 담보인정비율(LTV) 규제 강화
2005년	8월 31일	양도소득세 강화, 실거래가 신고 의무화
2006년	3월 30일	총부채상환비율(DTI) 도입, 재건축 초과이익 환수제 도입
2006년	11월 15일	담보인정비율(LTV) 규제 강화
2007년	1월 11일	청약 가점제 시행, 민간 택지 분양 원가 공개

■ 이명박 정부 : 각종 규제 완화

이명박 정부 부동산 정책

정책 발표 일자		주된 내용
2008년	6월 11일	지방 미분양 주택 구입 시 취득세 감면, 1가구 2주택자 인정 기간 연장
	8월 21일	재건축 조합원 지위 양도 금지, 후분양제 폐지, 수도권 전매 제한 완화
	9월 1일	양도세 비과세 고가 주택 기준 상향 조정, 상속 및 증여세율 인하
	9월 19일	2018년까지 연평균 50만 가구 공급, 그린벨트 일부 해제
	10월 21일	수도권 투기지역, 투기과열지구 선별적 해제
	11월 3일	재건축 용적률 상향, 소형 주택 의무 비율 완화, 강남 3구 투기지역 및 투기과열지구 해제
	12월 5일	다주택자 양도세 중과 한시적 완화, 종부세 부과 기준 완화
2009년	1월 23일	토지거래허가구역 50% 이상 해제
	8월 27일	2012년까지 보금자리주택 32만 가구 공급
2010년	4월 23일	미분양 주택 4만 가구 감축 계획
	8월 29일	다주택 양도세 중과 완화 2년 연장, 취·등록세 감면 1년 연장
2011년	12월 7일	서울 및 수도권 1가구 1주택 양도세 비과세 요건 완화
2012년	5월 10일	다주택자 양도세 중과제도 폐지

■ 박근혜 정부 : 대출받아 집을 사라

<table>
<tr><td colspan="3" align="center">박근혜 정부 부동산 정책</td></tr>
<tr><td colspan="2" align="center">정책 발표 일자</td><td align="center">주요 내용</td></tr>
<tr><td rowspan="2">2013년</td><td>4월 1일</td><td>양도세 5년간 면제, 리모델링 수직 증축 허용</td></tr>
<tr><td>12월 3일</td><td>행복주택 축소, 공유형 모기지 사업 시행</td></tr>
<tr><td rowspan="2">2014년</td><td>7월 24일</td><td>주택 담보 대출 완화</td></tr>
<tr><td>9월 1일</td><td>재건축 연한 완화</td></tr>
<tr><td>2015년</td><td>1월 13일</td><td>기업형 임대주택 '뉴스테이' 도입</td></tr>
<tr><td>2016년</td><td>4월 28일</td><td>행복주택, 뉴스테이 공급 물량 2017년까지 30만 가구 확대</td></tr>
</table>

■ 문재인 정부

[2017년]

1. 6.19 대책

− 조정 대상 지역 추가

− 전매 제한 기간 강화

− 조정 대상 지역 LTV, DTI 강화

− 재건축 조합원 주택 공급 수 제한

2. 8.2 대책

− 청약 1순위 자격 조건 강화

− 가점제 적용 확대

− 오피스텔 전매 제한 강화

− 양도세 가산세율 적용

− 다주택자 장기보유특별공제 적용 배제

− 분양권 전매 양도세율 강화

− 재개발, 재건축 규제 정비

- 정비 사업 분양 재당첨 제한

- 거래 자금 조달 신고 의무

- LTV, DTI 강화

- 주택 담보 대출 건수 제한

3. 10.24 대책

- 신 DTI 도입

- DSR 도입

- 자영업자 대출 규제 강화

4. 11.29 대책

- 주거 복지 로드맵

5. 12.13 대책

- 임대주택 등록 활성화 방안(8년 이상 장기 임대 혜택 강화)

[2018년]

6. 2.21 대책

- 재건축 안전 진단 기준 강화

7. 8.27대책

- 공공택지 추가 개발 예정

- 투기과열지구 조정 지역 추가

8. 9.13 대책

- 주택 시장 안정 대책

- 종합부동산세 개편

- 다주택자 대출 제한

- 청약 조건 강화

- 임대 사업자 혜택 축소

문재인 정부는 출범 후 2017년 6.19 대책을 시작으로 2018년 9.13 대책까지 크게 여덟 번 대책을 발표를 했다. 이해하기 쉽게 주요 내용을 정리하면 다음과 같다.

- √ 집은 한 채만 소유해라
- √ 집값 상승을 기대하지 마라
- √ 대출받아서 집 사려고 하지 마라
- √ 갭 투자는 절대 하지 마라
- √ 월세 수입은 꼭 신고해라
- √ 재건축 아파트 쉽게 허가하지 마라
- √ 집을 가지고 있으면 세금을 더 내라
- √ 무주택자에게는 청약 당첨률을 높여줘라
- √ 전매는 하지 마라
- √ 부동산을 많이 가진 자는 세금을 더 내라

같은 가격의 아파트와 빌딩의 대출금 비교

정부의 부동산 규제 중 주요 골자는 바로 가격 상승을 기대하고 대출을 받아 집을 사는 것을 원천 봉쇄하겠다는 것이다. 아직까지 빌딩 구입과 관련한 대출 규제에는 접근을 못하고 있는 상황이다. 은행에서 대출을 해줄 때에는 월 이자를 어떻게 낼 것인지, 소득은 얼마나 되는지를 중요하게 생각한다. 아파트는 월세 임대를 제외하고는 매월 고정 수익이 발생하지 않는다. 게다가 월세를 받는다 해도 금액이 그리 크지 않다. 그런데 빌딩의 경우 아파트와 비교할 수 없을 만큼 높은 월 임대료를 받기 때문에 은행에서는 대출을 해주어도 큰 문제가 발생하지 않는다고 여긴다.

그럼 이해를 돕기 위해 강남 지역의 같은 32억 원대 아파트와 빌딩의 대출 금액을 비교해보겠다.

구분	아파트	빌딩
소재지	강남구 대치동	강남구 대치동
매매가	32억 원	32억 원
임대 보증금	8억 원	2억 원
월 임대료	320만 원	900만 원
대출 가능 금액	1억~2억 원	20억 원

같은 32억 원대 아파트와 빌딩의 대출 가능 금액이 이렇게 크게 다른 이유는 바로 월 임대료에서 차이가 나기 때문이다. 예전에는 아파트 또한 20억 원 정도 대출이 가능했으나, 이제는 대출 규제로 아파트는 '꼼짝 마!' 신세가 된 것이다.

은행에서는 아파트보다 빌딩 대출이 훨씬 수월하다. 빌딩은 매달 안정적인 임대료가 뒷받침되기 때문이다. 특히 부동산 투자에는 풍선 효과가 작용한다. 즉, 규제를 받는 아파트는 수요가 감소하는 반면 빌딩 쪽은 점점 수요가 늘어날 것이다. 앞으로는 아파트를 구입해 돈을 벌기는 더욱 어려워질 전망이다. 이것이 바로 부동산 투자자들이 빌딩에 주목할 수밖에 없는 이유다.

2. 부동산 가격 30% 이상 버블
힘들어도 다 함께 부동산 '가격 거품' 걷어내자

서울 아파트 평균 매매가 8억 원 넘다

학창 시절부터 친했던 친구가 미국으로 이민을 떠난 지 22년 만에 귀국했다. 때마침 한국은 장마철이라 매일 추적추적 비가 내리고 있었다. 그런데 그 친구가 "아니, 어떻게 전국적으로 비가 올 수 있냐"고 나에게 질문을 하며 신기해했다. "우리나라는 땅 덩어리가 작아서 그래. 미국에서는 상상할 수 없는 일이지?"라고 답하며 서로 웃었던 기억이 지금도 생생하다. 그렇다. 대한민국 면적은 세계에서도 작은 편에 속한다. 그렇다 보니 부동산 가격이 높을 수밖에 없다는 말 또한 맞는 말이기도 하다.

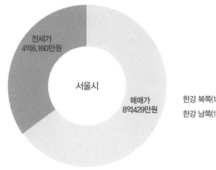

〈서울시 평균 아파트 가격(2018년 10월 기준)〉

전세가
4억6,160만원

서울시

매매가
8억429만원

한강 북쪽(14개구) 평균 5억9,158만원
한강 남쪽(11개구) 평균 9억8,540만원

서울시 아파트 평균 가격이 8억 원을 넘어섰다고 한다. 꿈의 연봉인 1억원으로 서울시에 내 집을 구입하려면 과연 어느 정도의 기간이 걸리는지 계산해보았다.

연봉	1억 원	기간	금액
부양가족	1명		
국민연금	20만2,050원		
건강보험	25만6,880원		
요양보험	1만8,950원		
고용보험	5만3,510원		
근로소득세(간이세액)	105만4,400원		
지방소득세	10만5,440원		
연 예상 수령액	7,970만5,240원	10년	7억9,705만2,400원
월 환산 금액	664만2,103원		

결론은 연봉 1억 원을 받는 사람이 부양가족 없이 혼자 한 푼도 쓰지 않고 10년을 모아야 서울에 집 한 채를 마련할 수 있다는 것이다. 실제로 생활을 하면서 한 푼도 쓰지 않는다는 것은 불가능하다. 수입의 50%만 저축해도 알뜰한 사람이라는 평가를 받는 현시대에 말이다. 이 계산은 중산층에게 꿈의 연봉인 1억 원을 받는 사람도 서울에 있는 아파트 한 채를 구입하기 어려울 만큼 집값이 높다는 의미다.

부동산 거래와 가격 상승은 주요 소비층인 중산층과 관련이 깊다. 중산층에서 부동산 물량의 40~50%를 소진하지 못하면 공급에 비해 수요가 부족해져 가격 하락과 미분양이 속출할 확률이 높아진다. 현재 부동산 가격의 30% 이상이라고 여겨지는 거품을 걷어내야 하는 이유가 바로 여기에 있는 것이다.

지금까지는 대출을 받아 집을 사도 이자가 부담은 되지만 가격 상승 폭이 더 크기 때문에 문제가 없었다. 그러나 금리는 점점 높아지고, 현 정부는 하루가 멀다 하고 부동산 규제를 발표하고 있는 것이 현실이다. 최근까지의 발표만으로도 지방에서 시작된 부동산 가격 하락이 서울에까지 영향을 미치고 있는데, 앞으로 더 심한 규제가 발표될 가능성이 있다.

한 시중은행이 금융 소비자 2만 명을 대상으로 조사한 결과, 대한민국 보통 사람의 평균 자산은 3억2,501만 원으로 그중 부동산이 차지하는 비중이 74.6%라고 한다. 이렇게 비중이 큰 자산이라면 투자 방식을 바꿔야 한다고 본다. 지금까지 주먹구구식으로 부동산 투자를 해서 돈을 벌었다면, 이제부터는 체계적이고 과학적인 접근 방식이 필요하다. 자녀들의 미래 걱정보다 본인이 지금까지 모아놓은 자산으로 어떻게 노후를 편안하고 건강하게 보낼 수 있을까 고민해봐야 할 것이다.

3. 부동산 시장의 웃는 사례 vs. 우는 사례
미래 가치 높은 지역에 투자하라

연령대에 맞게 투자하라

부동산 시장은 크게 3개 지역으로 나눌 수 있다. 첫째는 가격이 오르는 지역, 둘째는 오르지 않는 지역, 그리고 마지막으로 하락하는 지역이다. 지역만큼 중요한 것이 바로 투자자의 연령대다. 가격이 하락하거나 그대로 유지되어도 큰 걱정 없는 연령대가 있는 반면, 회복 불가능한 경우도 있다. 아래 표를 보면 이해하기 쉬울 것이다.

나이가 젊은 투자자일수록 비록 부동산 가격이 하락하더라도 다시 도전하고 성공할 수 있는 기회가 많다. 하지만 은퇴자나 은퇴 예정자는 부동산 가격이 오르지도 않고 하락도 하지 않는 상태라면 걱정이다. 수입이 없는 상태에서 생활을 해나가야 하기 때문이다. 특히 모아놓은 자산이 조금씩 없어지니 더욱 걱정이다. 구입해두면 자연스럽게 가격이 올라 노후 자산으로 최고의 대우를 받았던 부동산 상품이 보통예금처럼 그저 모아놓은 자산으로 전락해버린 상황인 것이다.

특히 정부의 9.13 부동산 대책 발표 이후 아파트 시장은 큰 변화를 보이고 있다. 대출을 많이 받아 고급 아파트를 구입했는데 가격은 오르지 않고 은행 대출 금리는 점점 높아만 가고 있다. 게다가 대출 규제를 시작으로 각종 세금까지 규제가 심해지는 상황이다. 이런 시기에는 오히려 가만히 있는 것이 돈 버는 길이라고 여겨질 정도다. 과연 대출 이자는 어떻게 감당할 것이고, 아파트의 가격 하락을 본인의 힘으로 막을 수 있겠는가?

하지만 매월 수익이 나오는 빌딩이라면 이야기가 달라진다. 대출 이자 고민을 해결하는 동시에 부동산 가격 상승 효과까지 노릴 수 있으니 두 마리 토끼를 한 번에 잡는 방법이다.

또한 정부 대출 규제는 주택에 더 큰 영향을 미치고 있다. 소자본으로 아파트를 구입하려고 했던 투자자들이 상대적으로 대출 규제가 적은 소형 빌딩에 몰리면서, 오히려 정부 규제와 반대로 빌딩 가격이 꾸준히 오르고 있는 것이 현실이다.

부동산 시장의 웃는 사례 vs. 우는 사례

"로마에 가면 로마법을 따르라!" 고리타분한 말 같지만 부동산 시장에도 딱 들어맞는 명언이다. 부동산 전문가들은 입을 모아 충고한다. "대세에 역행하는 방식의 부동산 투자를 했다가는 큰일 난다"고.

이 말은 즉, 정부의 정책과 규제를 미리 파악해 부동산 시장의 흐름을 최소 5년 이상 내다보고 준비해야 한다는 뜻이다. 모두가 'Yes'라고 할 때 'No'라고 하는 사람이 성공한다고 하지만, 정부의 부동산 정책에 반하는 방향으로 투자를 했다가는 큰일 난다.

현 정부가 들어서면서부터 크고 작은 부동산 정책 발표가 계속되었다. 초기 주택 시장 규제에서 이제는 임대 사업자, 즉 빌딩 매매에까지 규제의 손길을 뻗치고 있다. 부동산 거래에서 세금 강화보다 더욱 주시해야 할 것은 대출 규제다. 이제는 매매 대금의 60~70%를 대출받아 건물을 매입하던 시대는 지났다. 그에 따라 부동산 시장에서는 두 가지 현상이 일어나고 있는 중이다. 그 현상을 직접적으로 보여주는 두 가지 사례를 소개한다.

첫 번째, 웃고 있는 60대 부부의 사례

매매가	23억 원	기타
은행 대출금	17억 원	금리 연 2.98%(월 이자 422만 원)
보증금	2억 원	승계
월 임대료	750만 원	
소유권 이전 비용	1억1,000만 원	매매 대금의 약 4.8%
실투자금	5억1,000만 원	

서초구 양재동에 위치한 빌딩을 23억 원에 구입하면서 S금융회사에서 17억 원을 대출하고 세입자 보증금 2억 원을 승계받았다. 소유권 이전 비용까지 합해 본인이 투자한 순수 자금은 5억1,000만 원. 월 임대료 750만 원에서 대출 이자 422만 원을 내고도 매월 328만 원의 수익이 생긴다.

두 번째, 울고 있는 60대 부부 사례

강북구 수유동에 있는 건물을 22억 원에 구입했다.

매매가	22억 원	기타
은행 대출금	10억 원	금리 연 3.5%(월 이자 291만 원)
보증금	2억3,000만 원	승계
월 임대료	780만 원	
소유권 이전 비용	1억560만 원	매매 대금의 약 4.8%
실투자금	10억7,560만 원	

결론부터 말하면 웃고 있는 60대 부부보다 순수 자금은 2배 더 많은 10억7,560만 원을 투자했지만, 월 수익은 고작 161만 원을 더 받고 있을 뿐이다. 좋은 부동산 투자란 최소한의 비용으로 높은 수익률을 내는 것이다.

미래 가치를 중요하게 여겨라!

강남과 강북 지역을 비교하려는 의도는 아니지만 부동산 시장의 현실이 그렇다. 강남의 30억 원짜리 빌딩에 대한 은행 대출 금액과 강북의 같은 가격의 빌딩에 대한 은행 대출 금액이 다르다. 강남이 월등히 높다. 또 예전에는 7~8억 원만 있으면 대출을 받아 구입할 수 있었던 빌딩이 지금은 적어도 12~13억 원을 가지고 있어야 살 수 있다. 그러니 미리 빌딩 투자를 시작한 사람들은 여유 있게 웃을 수 있는 것이다.

물론 조심해야 할 대목이 있다. 무조건 대출을 많이 받아야 좋은 것만은 아니라는 사실이다. 미래 가치가 높은 지역에 위치한 빌딩인지 꼼꼼히 따져보라는 뜻이다. 또한 인근에서 인기가 있는 지역인지, 공실이 생길 확률은 얼마인지 파악하지 않고 무작정 구입을 하면 나중에 공실로 인해 대출 이자를 치르는 일조차 힘들어질 수 있다. 노후에 편안하고 안정된 임대 수익을 기대하며 목돈을 투자해 빌딩을 구입했다가 장기적인 공실로 이자를 내기 힘들어지면서, 끝내 경매로 제3자에게 낙찰되는 사태는 막아야 한다. 자산 증식보다 더 중요한 것은 자산을 안전하게 지키는 일이다.

4. 개구리가 울면 비가 온다
정부가 규제하는 지역을 유심히 살펴라

지나친 규제 탓에 오히려 오르는 서울 집값

"개구리가 울면 비가 온다"는 속담이 있다. 그렇다면 강제로 개구리를 울리면 비가 올까? 현 정부는 지난해 8·2 대책을 발표하면서 부동산과의 전쟁을 선포했다. 나는 8·2 부동산 대책 발표 후 TV 시사 프로그램에 출연해 "강남 3구를 잡겠다는 것은 무리수가 있는 발상이다. 특히 투기지역으로 지정한 곳들은 주거 환경과 교육, 문화가 조화를 이루고 있는 지역이 대부분이라 실효성이 떨어질 것"이라고 이야기했다. 자, 1년 후 서울시 11곳(강남구, 서초구, 송파구, 용산구, 마포구, 강동구, 성동구, 양천구, 영등포구, 강서구, 노원구)의 상황은 어떻게 변했을까? 과연 정부의 바람대로 부동산 시장은 안정되고 집값은 잡혔을까?

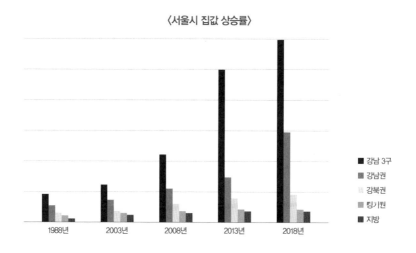

〈서울시 집값 상승률〉

위의 그래프를 살펴보면 놀라운 결과를 발견할 수 있다. 8·2 대책 발표 후 서울시 평균 집값은 6.95% 상승했다. 그런데 투기지역으로 지정된 곳은 서울시 평균 집값 상승률보다 1.23% 높은 8.18%를 기록했다. 이쯤 되면 정부는 가격이 오를 만한 곳만 콕콕 짚어주는 무릎팍 도사 같은 역할, 혹은 가격 오를 동네를 안내해주는 내비게이션 같은 존재라고 할 수 있을 정도다.

개구리가 아무 이유 없이 무턱대고 우는가? 아니다. 습도, 온도, 바람 등 기후의 변화를 느끼면 운다. 무조건 강남 지역을 잡겠다는 생각만으로 밀어붙이기식의 규제는 바람직하지 않다고 본다. 물론 강남 지역의 투기 세력이 전국 부동산 시장을 좌지우지하는 경향도 있지만, 그것이 집값 상승의 근본적 원인이라고 보는 것 또한 잘못된 생각이다. 부동산 가격은 시장 논리에 어느 정도는 맡기는 것이 옳지 않을까?

집값이 오르는 지역은 아무리 강한 규제를 내놓아도 오르고, 오르지 않는 지역은 아무리 규제를 완화해도 가격의 오름 폭에 한계가 있다는 결론이 나온다. 전국으로 강의를 다니면서 보고 느낀 점이 하나 있다. 바로 부동산 재테크에 관심을 가진 사람들이 세미나, 강연, 방송 등에서 부동산 관련 정보를 얻고 규제의 허점을 이용하는 방법을 공부해 예전과 다른 방법으로 부동산 투자에 나서고 있다는 것이다. 정부가 투기지역, 투기과열 지역으로 지정하는 것은 오히려 가격이 오르는 지역이라고 알려주는 것과 다를 바 없는 결과가 나타나고 있다. 오죽하면 "정부가 규제하는 지역을 노려라! 그러면 오를 것이다"라는 말이 나오겠는가. 정부가 특정 지역의 규제를 적당한 수위 조절용으로 활용한다면 큰 효과를 볼 수 있을 텐데, 규제를 통해 지나친 효과를 기대하다 보니 오히려 독이 되는 듯하다.

부자들에게 배울 것은 배우자

강남 아파트와 전국 아파트 가격 차이	3.3~4.5배
강남 아파트와 서울 아파트 가격 차이	2배
서울 아파트 평균 매매 가격	8억1,595만 원
강남 아파트 평균 3.3m² 가격	4,320만 원
서초구 아파트 평균 3.3m² 가격	3,604만 원
송파구 아파트 평균 3.3m² 가격	2,752만 원

2019년 1월 9일 기준

오랜 기간 부동산 전문가로 활동하면서 터득한 것 중 가장 중요한 한 가지는 바로 육부자다. ① 부자 동네 ② 부자 지역 ③ 부자 마을 ④ 부자 가족 ⑤ 부자 인맥 ⑥ 부자 학교. 이런 지역은 비가 오나 눈이 오나 바람이 부나 부동산 가격이 오르는 것은 물론, 수요자도 많은 편이다. 특히 빌딩 가격은 수요가 많은 것을 넘어서 철철 넘쳐나는 느낌을 받는다.

시간이 지날수록 이런 부동산 수요와 가격의 격차는 더욱 벌어질 것으로 보인다. 그만큼 일반인은 부자 지역에 접근하기 어려워진다는 뜻이다. 물론 그곳에 사는 사람들의 행복 지수도 부동산 가격만큼 높다고 볼 수는 없지만 말이다.

부자 동네에 거주하는 사람들은 실제 얼마의 자본금을 가지고 집을 구입하는지에 대한 놀랄 만한 조사 자료가 있다. 2016년부터 최근까지 평균 가격이 14억6,057만 원인 강남권 아파트 230개의 등기부등본을 출력해 과연 어느 정도 대출을 받아 구입했는지 조사해봤다고 한다. 그런데 대출을 받고 집을 구입한 사람은 21%에 불과했다. 그렇다면 나머지 79%는 현금을 주고 아파트를 샀다는 뜻이다. 역시 부자 동네에는 부자들이 많이 살고 있음을 알려주는 자료다.

세계 각국의 수도는 그 나라를 대표한다. 미국의 워싱턴, 영국 런던, 프랑스 파리, 일본 도쿄, 캐나다의 오타와 등. 우리도 서울과 강남에 대한 인식을 바꾸어야 한다고 생각한다. 단순히 부동산 투기 세력이 많은 부자 동네가 아니라 대한민국 수도 서울, 그리고 강남은 서울을 대표하는 하나의 지역으로 인정해야 할 것이다. 사실 강남 지역에 사는 사람들이 머리에 뿔이 달린 것도 아니고, 개발이 시작된 60~70년대에 이주해 지금까지 열심히 선량하게 살아가는 사람들도 넘쳐난다. 또한 월세를 사는 사람, 전세를 사는 사람도 있으며, 다양한 직업에 종사하는 사람들이 부지런히 살아가고 있는 곳이기도 하다. 부자들을 부정하거나 부러워하면 지는 것이지만, 부자들에게 배울 것은 배우고 겸손한 자세로 받아들일 줄 아는 사람은 부자가 될 수 있다.

빌딩을 여러 채 소유하고 있는 빌딩 재테크 달인들을 보면 남들과 다른 점이 있다. 이들은 빌딩을 평가할 때 남들과 다른 시각과 관점으로 접근한다. 그것은 바로 비싸도 사야 할 지역과 싸도 사지 말아야 할 지역을 확실하게 구별하는 안목을 갖추었고, 한 번 결정하면 실행에 옮기기까지 그 속도가 매우 빠르다는 것이다. 이렇듯 열심히 노력하고 연구해 빌딩 투자 지역을 잘 선택한다면, 나의 미래도 조금은 달라지지 않을까?

부동산 관련 세금 모르면 다 빼앗긴다

지혜로운 사전 증여로 절세하라

똑똑한 절세를 위한 다섯 가지 원칙

세금을 모르고 부동산에 투자한다면 가격 상승 효과를 봤어도 그에 따른 세금으로 인해 소유권만 내 이름으로 되어 있을 뿐, 번 돈을 고스란히 나라에 바치는 꼴이 될 수도 있다. 빌딩 소유주 대부분은 먹고 싶고 입고 싶은 것들을 꾹 참아가며 티끌 모아 꿈에 그리던 빌딩을 처음 구입해 밤잠을 설쳤던 기억이 있을 것이다. 금이야 옥이야 쓸고 닦으며 마치 빌딩을 자식처럼 소중히 여겼는데, 절세 방법을 몰라 고스란히 세금으로 내어준다면 너무 억울하지 않겠는가! 그렇다고 무작정 세무사에게만 의존하는 것 또한 바람직하지는 않다고 본다. 세밀한 부분과 법적인 부분은 전문가에게 상담을 받아서 처리해야겠지만 기본적인 절세 비법 정도는 숙지하고 있는 것이 본인의 자산을 지키는 가장 현명한 방법이라고 생각한다. 물론 세금 납부는 국민의 의무다. 어느 누구도 거부할 수 없다. 세금을 아깝다고 생각하기보다는 똑똑한 절세 방법을 알아야 한다는 뜻이다.

다음의 5가지만 알아도 절세에 큰 도움이 될 것이다.

1. 전세 보증금이나 은행 대출을 많이 받은 상태에서 증여하라.

A		B	
내용	금액	내용	금액
증여 재산	3억 원	증여 재산	3억 원
증여 공제	5,000만 원	증여 공제	5,000만 원
증여세 과세표준	2억5,000만 원	전세금 대출금	2억5,000만 원
증여세	4,000만 원	증여세	0

(자녀에게 증여한 경우)

자녀에게 증여할 경우 10년 동안 5,000만 원 이내 증여 공제 가능(미성년자 2,000만 원)

부동산을 증여할 때 전세금, 대출금 같은 부채까지 함께 증여함으로써 세금을 줄일 수 있다. 증여세는 부채 부분을 제외하고 금액을 산정한다. 예를 들어 3억 원짜리 부동산을 보증금 2억5,000만 원에 전세를 준 상태에서 자녀에게 증여한다고 가정해보자. 이 경우 5,000만 원까지 자녀 증여 공제가 되므로 증여세가 부과되지 않는다. 그렇지만 전세와 대출이 하나도 없는 3억 원짜리 부동산을 증여하면 4,000만 원 정도의 증여세가 나올 수 있다. 부부 간에 부동산 자산을 증여할 때는 10년 단위로 6억 원까지 증여 공제가 가능하다는 점도 꼭 기억해 절세에 활용할 필요가 있다.

2. 기준시가·공시지가 인상 전에 증여하라.

증여 부동산의 평가 금액은 시세를 원칙으로 한다. 즉, 증여일 3개월 전후로 유사하거나 같은 부동산이 매매되거나 감정평가가 2건 이상 있으면 그것을 기준으로 시세를 계산한다. 시세를 산정하기 어려운 경우에는 토지는 개별공시지가로, 주택은 개별(공동)주택가격으로, 주택 이외의 건물은 국세청 기준시가로 금액을 평가해 증여세를 산출한다. 특히 개별공시지가, 개별(주택)주택가격, 국세청 기준시가는 1년에 한 번씩 고시하므로 부동산 금액을 평가할 때 대개 증여할 부동산의 고시 가격이 상승한다. 따라서 인상된 금액만큼 증여세 부담이 늘어날 수 있다.

3. 미래 가치가 높은 부동산을 사전 증여하라.

현재 여러 건의 부동산을 보유하고 있다면 향후 가치가 가장 높아질 것이라고 예상되는 부동산을 먼저 증여하고 그렇지 않은 부동산은 천천히 증여해도 된다. 예를 들어 현재 본인이 소유한 꼬마빌딩 가격이 12억 원(10억 원 초과 30억 원 이하) 정도 한다면 세율 40%가 적용되어 증여세가 약 1억 6,000만 원이다. 그렇지만 10년 정도 지나 시세가 30억 원 정도 하는 상태에서 증여한다면 세율이 50% 적용되어 증여세만 무려 4억6,000만 원을 납부해야 한다는 뜻이다. 이렇듯 미래에 부동산 가격이 상승할 여지가 높은 부동산을 사전 증여한다면 절세 효과를 톡톡히 볼 수 있을 것이다.

4. 10년 단위로 나누어서 증여하라.

사전 증여를 한 부모님이 10년 이내에 사망한다면 상속세 계산 시 사전 증여 금액도 합산한다. 그런 경우 사전 증여의 의미가 사실상 없어지므로 10년 단위로 나누어서 증여해야 한다. 또한 1회 증여 금액은 상속증여세율 과세표준 1억 원 이하는 10%, 5억 원 이하는 20%를 적용하므로 1억 원이 적당하고, 되도록 5억 원을 넘기지 않는 것이 현명한 방법이라고 할 수 있다.

5. 월 임대료가 많이 나오는 빌딩을 법인 명의로 바꾸기 위해 연구하라.

자녀에게 부동산과 차입금(빌린 돈)을 함께 증여하면 부담부증여라고 해서 순자산 가치에 대해서 자녀가 증여세를 부담해야 한다. 또한 부모는 차입금에 대해서는 양도소득세를 부담해야 한다. 그렇지만 법인으로 명의를 전환한다면 양도소득세는 법인이 나중에 부동산을 매매 처분하는 시점에 납부해도 된다. 자녀에게는 당장의 증여세 부담만 발생하므로 부담부증여보다 절세를 할 수 있다. 특히 법인으로 전환할 경우 가장 큰 장점은 임대소득에 대한 세율 또한 개인보다 상대적으로 낮은 법인 세율을 적용받을 수 있다는 것이다. 2018년부터 5억 원이 넘는 종합소득에 대해서는 42%의 세율이 적용되고, 여기에 건강보험료 등을 감안하면 체감 세율은 50%에 육박한다고 볼 수 있다. 또한 자녀가 근로소득이 있다면 임대소득에 근로소득이 합산돼 세금 부담이 늘어난다.

Q & A로 알아보는 앞으로의 부동산 전망과 빌딩 투자에 대한 알짜 팁

Q1. 빌딩 투자, 초보자에게는 막연할 수 있다. 가장 먼저 해야 할 일은 무엇인가?

A. 빌딩 투자의 첫걸음을 잘 떼기 위해서 다음의 세 가지를 준비해야 한다.

① 종잣돈을 만들라

미래에 빌딩 주인이 되고 싶다. 그러나 부모님에게 물려받은 유산은 없다. 그렇다면 지금부터 월수입의 최소 50% 이상은 저축해야 한다는 원칙을 정하고 실천해야 한다. 이러저러한 이유로 이 원칙을 지킬 수 없다면 빌딩 주인의 꿈은 접는 것이 현명하다. 월수입의 50% 이상 저축하다니, 도저히 지키기 어려운 일 같지만 몇 개월만 실천해보라. 점점 익숙해지는 자신을 발견할 것이다.

② 신용등급을 높여라

빌딩을 구입하려는 사람들 가운데 현금 자산은 어느 정도 있으나 신용등급 관리에 실패해 대출을 거의 받지 못하는 경우를 자주 목격한다. 이것은 바로 수입에 대한 증빙이 부족하다는 말이다. 세금이 많이 나올까 봐두려워 수입, 즉 본인 소득을 제대로 신고하지 않는 경우가 있는데, 그것은 큰 실수다. 소득 신고를 하지 않으면 당장은 세금을 납부하지 않아도 되지만, 추후 부동산 구입 시 은행에서는 대출금 상환 능력이 낮다고 해석해 대출을 꺼릴 수 있다. 소득 신고 누락은 탈세로 연결될 수 있고, 그런 상태에서 빌딩을 구입하면 필연적으로 세무조사를 받을 수밖에 없다. 당장은 세금 때문에 배가 아프겠지만 소득을 성실히 신고하면 대출을 많이 받을 수 있고, 게다가 대출 금리가 낮아지는 이점도 있다.

③ 부동산 보는 안목을 키워라

전국 각지로 강의를 다니면서 느낀 점은 부동산 강의를 듣는 연령층이 점점 낮아지고 있다는 것이다. 5년 전만 해도 수강생 대부분이 50~60대였다. 그런데 지금은 30~40대가 대세다. 특히 성별을 보면 예전에는 여성이 대부분이었는데 최근 남성 비율이 급격하게 높아졌다. 부지런히 부동산 정보를 수집하고 공부해 안목을 키워야 한다.

Q2. 유동인구가 많은 지역의 빌딩을 구입하는 것이 정답인가?

A. 반드시 그런 것은 아니다. 빌딩 위치에 따라 적절한 상권을 분석하고 평가하는 안목과 관점을 길러야 한다. 유동인구가 많고 시끄럽지 않은 곳을 선호하는 사람이 있는가 하면, 시끌벅적한 곳을 좋아하는 사람도 있다. 개인 취향에 따라 지역이나 빌딩을 평가하는 것은 위험한 발상이다. 지역에 따라 우량한 빌딩의 조건이 다르다는 뜻이다. 강남권은 강남역, 신분당선, 선릉역 인근을 제외하고는 조용한 분위기의 지역이 오히려 빌딩 가격이 높게 형성되어 있는 편이다. 반대로 강북이나 경기권 등 도심과 거리가 멀어진 지역의 빌딩은 유동인구가 뒷받침되지 않으면 우량하다고 보기 어렵다. 중·장기적으로 좋은 빌딩은 유동인구가 많고 적고를 떠나 가격이

꾸준히 상승하는 지역에 위치한 빌딩이다. 강남구 청담동 일대는 유동인구가 많아서 비싼 것이 아니다. 이렇듯 조용한데도 빌딩 가격이 높고 꾸준히 상승하는 지역이 있다. 반대로 신촌, 이대, 건대, 홍대 등 대학가 상권은 유동인구가 많아야 땅값이 지속적으로 상승한다고 볼 수 있다. 여기서 꼭 알아야 할 사실은, 일반적으로 유동인구가 많은 지역의 빌딩은 가격이 급상승한 탓에 어지간한 돈으로는 꿈도 꿀 수 없다는 것이다. 또 상가 위주로 상권이 형성되어 있어 세입자 업종에 따라 불경기에는 임대료 체납이 발생할 가능성도 있다. 유동인구가 많고 임대료가 비싼 지역의 빌딩은 세입자들이 적자를 보거나, 대기업에서 적자를 감안하고 안테나 매장(홍보용 매장)으로 사용하는 경우가 많다. 그러다 보니 건물주들은 상점이나 음식점보다 임대료가 조금 적더라도 안정적으로 받을 수 있다고 판단되는 사무실 위주로 임대하는 추세라고 볼 수 있다.

Q3. 앞으로의 경매 시장을 전망한다면?

A. 경기가 안 좋을 때 투자처로 주목받는 것이 경매다. IMF 때처럼 부동산 시장이 좋지 않은 시기에 경매 물건이 많이 나온다. 물건이 많이 나오면 경쟁률이 떨어진다. 경기가 어려우니 여유 자금이 있는 사람도 많지 않아 좋은 조건으로 경매 물건을 낙찰받을 수 있다. 경매는 말 그대로 경쟁이다. 경쟁률이 높을수록 낙찰가 또한 높아져 시세 차이가 줄어들 수밖에

없다. 따라서 대부분의 경매 고수들은 불경기 때 좋은 조건으로 낙찰받아 부동산 경기가 좋을 때 판다.

보통 처음 경매에 도전할 때는 발품을 팔아가며 가격과 지역 등을 철저히 분석한다. 그렇게 공을 들였는데 입찰에서 떨어지면 그다음부터는 처음만큼 분석을 안 하고 입찰하는 경우가 많다. 반드시 낙찰을 받아야겠다는 생각이 더 커 가격을 제대로 분석하지 못하는 것이다. 그러다 보면 시세보다 비싼 가격에 낙찰받는 경우가 생긴다. 2019년, 2020년은 경매로 수익을 올릴 수 있는 시기가 될 듯하다. 부동산 시장이 위축될 것으로 전망되기 때문이다. 보통 경매 물건은 시세의 70% 선에서 낙찰을 받는 것이 바람직하다.

Q4. 재개발 혹은 그린벨트 지역에 투자하는 것은 어떤가?

A. 현재 부동산 규제 정책을 고려하면 재건축 · 재개발 · 그린벨트 등에 대한 투자는 끝이 보이지 않는 위험하고 험난한 길이 될 것으로 전망된다. 과거 재건축 · 재개발 · 그린벨트 지역의 개발은 시간과의 싸움일 뿐, 시간이 지나면 진행된다는 보장이 있었다. 그러나 부동산 규제가 강화되는 지금은 필요한 시기에 원하는 가격에 매매되지 않고, 그러다 보면 생돈으로 대출 이자를 내느라 힘든 상황을 맞을 수도 있다. 언제 개발될지 모르는 재건축 · 재개발 · 그린벨트 지역의 신부른 투자는 위험하고 심각한 가정 파탄으로 이어질 수도 있다는 사실을 명심해야 한다.

Q5. 2019년 부동산 시장은 어떨 것으로 전망하는가?

A. 사실 부동산 시장이 좋아질 것이라고 기대하면 위험하다. 부동산은 사야 하는 시점과 사면 안 되는 시점이 있다. 집을 사야 하는 시점은 전체적으로 금리가 인하되고 부동산 규제가 완화되거나 풀릴 예정일 때, 임대료가 상승할 때, 해당 지역의 주택 공급이 부족할 때 등이다. 정부가 3기 신도시 계획을 발표함에 따라 앞으로 입주 물량이 많아질 것이고, 세계적으로 금리 인상도 예상된다. 2019년 서울 지역 아파트 입주 물량만 해도 4만 8,596세대라고 한다. 게다가 경기가 안 좋아진다고 전망하는 전문가가 많다. 입주 물량은 늘고 대출 제한은 더 강해질 것이며, 부동산 보유세는 늘어나고 글로벌 금융 위기를 맞을 가능성도 있다.

전체적인 부동산 시장의 흐름을 살펴봤을 때 2018년까지를 상승기로 본다. 현재 정점을 찍고 상승기가 끝났다. 2018년부터 2020년까지는 부동산 하락기, 2021년부터 2023년까지를 침체기로 보고 있다.

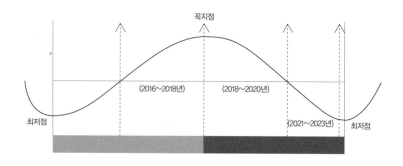

만약 생애 최초 내 집 마련을 계획하고 있다면 청약 등의 방법으로 신축 아파트에 도전하면 좋을 것이다. 하지만 돈을 벌겠다고 아파트에 투자하는 것은 위험천만이다. 지금 같은 시기에는 빌딩이 더 효자 노릇을 할 수밖에 없다. 수익형 부동산의 가치를 전망하면 상가의 경우 자영업자들의 불황으로 어려움이 예상된다. 오피스텔은 이미 공급 과잉으로 임대료가 내려가고 있는 실정이다. 꼬마빌딩의 경우 가격이 빠른 속도는 아니지만 꾸준히 상승할 것으로 예상된다. 수익률은 조금 낮아질 수 있다. 하지만 수익률이 높다고 좋은 부동산 상품은 아니다. 수익률이 높다는 것은 건물 가격은 오르지 않은 채 임대료가 오르는 경우일 수도 있기 때문이다. 결과적으로는 건물 가격이 오르는 부동산이 좋은 상품이다.

앞으로 부동산 시장은 빈익빈부익부 현상이 더욱 심화될 수 있다. 이 말은 중산층 부동산 자산가가 줄어든다는 의미다. 각종 규제로 인해 없는 사람들은 현금이 필요해져 부동산을 급매로 처분하는 경우가 늘고, 가진 자들은 자신의 입맛대로 부동산을 구입할 수 있게 될 것이다. 앞으로 신흥 빌딩 부자가 곳곳에서 속출할 것으로 보인다. 따라서 부동산에 대한 정확한 지식과 정보를 바탕으로 한 투자가 더 중요한 것이다. 우량한 알짜 빌딩 한 채를 제대로 골라 구입한다면 평생 노후 걱정 없이 행복한 나날을 보낼 수 있을 것이다.

빌딩박사 박종복의
그들은 왜 아파트를 팔았나?

발행일　초판 22쇄 2020년 7월 3일

발행인　이정식
편집인　이창훈
편집장　이경아
진행　　박유리, 김안젤라, 박현구
디자인　베스트셀러바나나
교정교열　이연희
마케팅　이풍현, 신지애
제작　　주진만

발행처　(주)서울문화사 〈우먼센스〉 편집팀
등록일　1988.12.16 등록번호 제2-484호
주소　　서울특별시 용산구 새창로 221-19(한강로 2가)
구입문의 02-791-0762
팩스　　02-749-4076
ISBN　　978-89-263-8077-2 (03320)